Hermann Weinhauer

LANDSER IM WELTKRIEG 8

10,5 CM – Die Marine-Flak-Abteilung 226 auf

Norderney im Einsatz

EK-2 Militär

Über die Reihe
Landser im Weltkrieg

Jeder Band dieser Romanreihe erzählt eine fiktionale Geschichte, die vor dem Hintergrund realer Ereignisse und Schlachten im Zweiten Weltkrieg spielt. Im Zentrum der Geschichte steht das Schicksal deutscher Soldaten.

Wir lehnen Krieg und Gewalt ab. Kriege im Allgemeinen und der Zweite Weltkrieg im Besonderen haben unsägliches Leid über Millionen von Menschen gebracht.

Deutsche Soldaten beteiligten sich im Zweiten Weltkrieg an fürchterlichen Verbrechen. Deutsche Soldaten waren aber auch Opfer und Leittragende dieses Konfliktes. Längst nicht jeder ist als glühender Nationalsozialist und Anhänger des Hitler-Regimes in den Kampf gezogen – im Gegenteil hätten Millionen von Deutschen gerne auf die Entbehrungen, den Hunger, die Angst und die seelischen und körperlichen Wunden verzichtet. Sie wünschten sich ein »normales« Leben, einen zivilen Beruf, eine Familie, statt an den Kriegsfronten ums Überleben kämpfen zu müssen. Die Grenzerfahrung des Krieges war für die Erlebnisgeneration epochal und letztlich zog die Mehrheit ihre Motivation aus dem Glauben, durch ihren Einsatz Freunde, Familie und Heimat zu schützen.

Prof. Dr. Sönke Neitzel bescheinigt den deutschen Streitkräften in seinem Buch »Deutsche Krieger« einen bemerkenswerten Zusammenhalt, der bis zum Untergang 1945 weitgehend aufrechterhalten werden konnte. Anhänger des Regimes als auch politisch Indifferente und Gegner der

NS-Politik wurden im Kampf zu Schicksalsgemeinschaften zusammengeschweißt.

Genau diese Schicksalsgemeinschaften nimmt »Landser im Weltkrieg« in den Blick.

Bei den Romanen aus dieser Reihe handelt es sich um gut recherchierte Werke der Unterhaltungsliteratur, mit denen wir uns der Lebenswirklichkeit des Landsers an der Front annähern. Auf diese Weise gelingt es uns hoffentlich, die Weltkriegsgeneration besser zu verstehen und aus ihren Fehlern, aber auch aus ihrer Erfahrung zu lernen.

Nun wünschen wir Ihnen viel Lesevergnügen mit dem vorliegenden Werk.

Ihre Zufriedenheit ist unser Ziel!

Liebe Leser, liebe Leserinnen,

zunächst möchten wir uns herzlich bei Ihnen dafür bedanken, dass Sie dieses Buch erworben haben. Wir sind ein kleines Familienunternehmen aus Duisburg und freuen uns riesig über jeden einzelnen Verkauf!

Unser wichtigstes Anliegen ist es, Ihnen ein angenehmes Leseerlebnis zu bieten.

Damit uns dies gelingt, sind wir sehr an Ihrer Meinung interessiert. Haben Sie Anregungen für uns? Verbesserungsvorschläge? Kritik?

Schreiben Sie uns gerne: info@ek2-publishing.com

Nun wünschen wir Ihnen ein angenehmes Leseerlebnis!

Heiko und Jill von EK-2 Militär

10,5 CM

Seit Tagen tobt ein eisiger Schneesturm in allen Facetten von Osten her über die langgestreckte friesische Insel. Er treibt unübersehbare Schneemassen vor sich her, reißt sie über die haushohen Dünen und türmt sie in den Tälern zu neuen Haufen. Das Meer ächzt unter der Last der schweren Eisschollen, die es in Landnähe zu bändigen sucht. Knirschend und schabend schieben sich diese dann übereinander. Das Hochwasser trägt sie den breiten, verschneiten Strand hinauf und baut sie zu einer immer höher werdenden Eiswand auf, deren bizarre Formen gespenstisch in das dichte Nebelgrau des tief verhangenen Himmels ragen.

Die Insel gleicht in ihrer scheinbaren Weltverlassenheit einer ewigen Polarlandschaft, in der kein Halm zu grünen und kein Mensch zu leben vermag. Dennoch liegen in den tief verschneiten Dünen eine ganze Anzahl Flak-Batterien. Unter den dicken Betondecken der, in die Landschaft eingebauten Bunker wohnen Hunderte von deutschen Soldaten. Sie stehen Tag und Nacht einsatzbereit. Hin und wieder ist ein tief vermummter Posten zu erkennen, der in seinen genagelten Stiefeln schwerfällig zwischen den getarnten Flugabwehr-Geschützen umherstapft. Von Zeit zu Zeit hebt er das schwere Zeiss-Fernglas an die Augen und sucht den Himmel nach feindlichen Flugzeugen ab. Trotz Schnee und Kälte lässt die Aufmerksamkeit keinen Augenblick nach. Eine hohe Verantwortung lastet auf den Schultern des jungen Marinesoldaten. Das Leben und Wohlergehen seiner Kameraden liegt in seinen Händen. Eine einzige Minute der Unachtsamkeit kann dem deutschen Volke und seinem Vaterlande unermesslichen Schaden und Leid zufügen.

Auch auf dem äußersten Zipfel dieser Insel steht ein solcher Posten inmitten einer schneeverwehten schweren Flak-Batterie. Die Natur hat durch den anhaltenden Schneefall, die herüberwehende Gischt und den eisigen Wind alles mit einer kaum nachzuahmenden Tarnkappe überzogen. Selbst die ständig feuerbereiten Geschütze tragen dicke Schnee- und Eisverwehungen, als wollen sie ängstlich jeden Einblick des Feindes verhindern.

Unermüdlich späht der Posten, von dem kaum die rot gefrorene Nasenspitze zu sehen ist, aus einer halbwegs windgeschützten Ecke in die schneeschweren, dunstgrauen Wolken, die vom Meer her über die Insel hinwegjagen.

Er friert erbärmlich in seinem feldgrauen Marinemantel, der ebenfalls schon durch Schnee und Eis geweißt ist.

An diesen Kriegswinter 1939/40 wird der junge Maat wohl ewig denken!

In den gut geheizten Bunkern unter ihm aber herrscht dagegen heiteres Treiben. Die Männer der schweren Flak-Batterie liegen hier in mehreren Räumen verteilt. Sie vertreiben sich die Zeit, so gut es die Enge und der Dienst gestatten. Helles elektrisches Licht überflutet die Tische, an denen Briefe geschrieben werden oder Skat gespielt wird. In einer Ecke sitzt ein noch junger Marineartillerist, der auf einem noch neuen Akkordeon seine erste erlernte Melodie zum Besten gibt. Dass er dabei nicht den ungeteilten Beifall seiner Kameraden findet, liegt weniger an seiner noch mangelhaften Technik als an dem zeitlich unpassenden Lied. Er spielt mit Hingabe immer und immer wieder: *Der Mai ist gekommen.*

Das kann natürlich selbst den abgebrühtesten Seemann erschüttern.

In einem anderen Bunkerraum herrscht indessen einmütige Geheimnistuerei. Hier haben sich die großen und kleinen Künstler der Batterie zusammengefunden. Eine vier Mann starke Kapelle, bei der natürlich die traditionelle Teufelsgeige nicht fehlt, übt mit Kraft und Ausdauer alte und neue Lieder und allerlei andere heitere musikalische Untermalungen, zu denen dichterisch veranlagte Vortragskünstler aus noch tintenfeuchten Manuskripten mit mehr oder weniger Pathos Verse in Scherz und Ernst in der Generalprobe deklamieren. Derweil werken andere Hände an geheimnisvollen Dingen herum, deren Bestimmungszweck nicht einmal den Eingeweihten ganz klar zu sein scheint.

Aber nicht nur unter der schützenden Betondecke der großen Bunker, auch in der abseits liegenden Wirtschaftsbaracke wird geheimnisvoll hantiert. Hier hat der Koch mit seinen drei immer schwitzenden Helfern sein Refugium. Obgleich die Mittagszeit längst vorüber ist und draußen schon die Dunkelheit zu wachsen beginnt, wird hier in Kesseln und Pfannen, Töpfen und Schüsseln eifrig gekocht, gebraten, gerührt und geschmort. Lieblicher, auf diesem Welt vergessenen Eiland sonst nie gespürter Duft erfüllt die Küche und streicht durch das offene Fensterluk über die Batterie hinweg, wenn der Koch den Deckel von seinen riesigen Pfannen hebt und mit fachmännischem Blick und langer Gabel die schinkengroßen Bratenstücke prüft.

Fast ein halbes Dutzend solcher knusprig braunen Fleischklumpen schmoren über dem Feuer. Sie bildeten noch vor wenigen Tagen einen stattlichen

Hirsch, der in Mecklenburgs Wäldern zu Hause war. Nun hat er sein freies, edles Leben für einen nicht minder edlen Zweck opfern müssen.

Und der Grund dieses lukullischen Mahls?

Der Batteriechef, ein Mann wie ihn sich keine Batterie besser wünschen kann, feiert an diesem Tage seinen vierzigsten Geburtstag. Das war wirklich ein Grund zum Feiern.

Das heißt, mit dem Feiern ist das vorläufig eine noch sehr heikle Angelegenheit. Petrus ist anscheinend dagegen. Sein aus vollen Backen geblasener Schneesturm hat mit Kraft und gutem Erfolg auf dem schmalen Gleis der Feldbahn den Schnee zu Bergen getürmt und ihn dort liegen gelassen. Diese Feldbahn aber ist die einzige Verbindung der Batterie mit der übrigen Inselwelt, vor allen Dingen mit dem Proviant-Amt. Keine Straße, kein Weg, nicht einmal ein lächerlicher Fußpfad führt durch die verschneiten Dünen.

Die kleine Lokomotive aber, die auf dieser gut vier Kilometer langen Strecke den einzigen einigermaßen wind- und wettergeschützten Wagen zieht, der seinen Dienst sowohl als Güter- als auch als komfortabler Pullman-Wagen verrichtet, bemüht sich an diesem sturmdurchzausten Tage schon seit Stunden vergeblich, durch die Schneemassen zu kommen. Die Naturgewalten sind doch noch stärker als ein paar rohölgetriebene Pferdekräfte.

In weiser Voraussicht dieses Misslingens hat der an alles denkende Stabsbootsmann daher zwei Dutzend Männer der Batterie mit Schaufeln, Hacken und Spaten bewaffnet und sie dem *Dünen-Express* zur Ausgrabung entgegengeschickt. Nun wartet die ganze Batterie-Besatzung auf das Eintreffen dieses seltenen Exemplars einer Feldbahn. Sie hat es eigentlich längst verdient, einen geruhsamen Lebensabend hinter den Glaskästen eines kulturhistorischen Museums zu beschließen.

Fleiß und Ausdauer werden immer belohnt. Die Dunkelheit ist längst hereingebrochen. Schwarz liegt die Nacht über der Batterie, als der Posten endlich das bekannte Tuckern der sich langsam nähernden Lokomotive vernimmt. Sie und die Männer mit den Grabwerkzeugen, die jetzt wie die Fliegen an dem Wägelchen kleben, haben das Wunder vollbracht. Nicht nur die langersehnten und zu einer Geburtstagsfeier unerlässlichen Kästen mit Bier, sondern auch noch sieben prallgefüllte Säcke mit Post werden ausgeladen.

Wie ein Lauffeuer verbreitet sich die Kunde. In keiner Stunde des Tages wird der Stabsbootsmann, der die Post nun verteilt, so gern umringt wie in diesem Augenblick.

Ein paar Männer der Batterie dürfen aber vorläufig nur die Vorfreude auf einen eventuellen Anteil an dem Inhalt der Postsäcke genießen. Es sind dies die Wachen an den Geschützen und in der Fernsprechzentrale des Batterie-Leitstandes.

Während den Männern oben an den Geschützen der Sturm um die Ohren pfeift, sitzt der Befehlsübermittler, Bootsmann Lasse Jürgensen nicht weniger gut verpackt hinter den mannigfachen Fernsprechern der kleinen Zentrale und schreibt mit klammen Fingern pflichtbewusst jede Meldung in das Tagebuch, die ihm durch den Draht zugerufen wird.

Hin und wieder blickt er sehnsüchtig auf die Uhr und rechnet die Minuten bis zu seiner Ablösung nach.

„Noch zwölf Minuten!", denkt er sich. „Dann kann ich mir die steif gewordenen Glieder mit einem selbstgebrauten Grog erwärmen. Wenn es man erst soweit wäre!"

Plötzlich summt einer der Fernsprecher. Sogleich stülpt sich der Bootsmann die großen gummigepolsterten Kopfhörer über.

„An alle Batterien! – FlaGruKo *Dovetief* meldet feindliche Flugzeuge fünfzig Kilometer westlich der Insel! – Kurs Südost! – Alle Batterien Kriegswache – Achtung!"

Hastig kritzelt Bootsmann Jürgensen mit seinem Bleistift die Meldung mit.

„Verdammich um de Eck!", brummt der Marineunteroffiziersdienstgrad und denkt an seinen schönen steifen Grog, der nun in weiter Ferne steht. „Ausgerechnet jetzt müssen diese Pappköppe kommen! – Läufer!", schreit er dann durch die halboffene schwere Stahltür des Bunkers nach oben. Gleich darauf wird der Kopf eines zweiten Soldaten sichtbar.

„Meldung an den Batteriechef – Alle Batterien – Kriegswache –Achtung!"

Schon ist der Mann, der ebenfalls einen der feldgrauen Mäntel trägt, aus dem Leitstand verschwunden.

Kurz darauf wird es in dem Kopfhörer des Telefonisten abermals lebendig.

Eine durchdringende, befehlsgewohnte Stimme schallt durch die Bunkergänge: „Alarm!"

„Alarm!", brüllt nun auch Bootsmann Jürgensen in der Zentrale, sodass es durch die dicken Betonwände hallt. Gleichzeitig drückt er auf einen Knopf.

Dadurch schrillen in allen Bunkern die schweren Alarmglocken.

Kurz darauf erklingt der vorbereitende Ruf: „Kriegswache – Achtung!" durch die Räume. Dadurch wären selbst Tote aus ihren Gräbern wieder auferstanden.

Im gleichen Augenblick fegt durch die eben noch friedlichen Bunkerräume und Gänge ein Sturm der Emsigkeit. Die Skatspieler werfen ihre schönsten Trümpfe achtlos beiseite und stürzen an ihre Spinde. Die Briefschreiber hören mitten im Wort auf und lassen den Füllfederhalter achtlos fallen. Aus den Feldbetten, die an den Wänden entlang dreifach übereinander aufgehängt sind, werden von erschöpften und durchgefrorenen Soldaten, die teilweise gerade erst vom Postenstehen zurückkamen, wahre Meistersprünge vollführt. Alle sind sie darauf bedacht, möglichst schnell in die Stiefel und Mäntel zu kommen.

Die Musik in dem einen Bunker reißt mitten in einem frisch einstudierten Walzer mit jaulendem Ton ab. Die Musikanten haben Mühe, ihre Instrumente vor dem Ansturm in Sicherheit zu bringen.

Im Handumdrehen sind aus den in bequemer Kleidung sitzenden Soldaten in Tuch und Wolle gut verpackte Gestalten geworden, die trotz der Last ihrer Kleidung flink wie die Wiesel über die steinernen Treppen an ihre Gefechtsstationen eilen.

Mit einer raschen Armbewegung werden die Tarnnetze der Geschütze heruntergestreift und die schützenden Segeltuchbezüge von den empfindlicheren Metallteilen und optischen Geräten gezogen. Jetzt gibt es keine Tarnung mehr, sondern nur noch gen Himmel ragende, gefechtsbereite Geschützrohre, die sich drohend dem anfliegenden Angreifer entgegenstrecken.

Innerhalb ganz kurzer Zeit vom ersten Alarmruf an wird dem Kapitänleutnant Seegers die Batterie gefechtsklar gemeldet.

Eine überraschende Wirkung hatte der Alarmruf in der Schreibstube, wo Stabsbootsmann Klaus Fischer wie ein Weihnachtsmann immer neue Pakete aus den schier unergründlichen Postsäcken hervorholte und die Namen der Empfänger ausrief. Als hätte plötzlich eine Granate mitten in dieses friedliche Werk geschlagen, stieben die Männer beim ersten Anschlagen der Glocken durch die Tür ins Freie, um trotz der Dunkelheit im halsbrecherischen Lauf ihre Bunker zu erreichen. Hier fliegen die bisher erhaltenen Pakete, Briefe und Zeitungen auf die Tische. Die Männer reißen die Mäntel und Stahlhelme aus den Schränken und von den Haken an den Bunkerwänden und stürmen an ihren Gefechtsplatz.

„Bin gespannt, ob sich der Feind wenigstens heute einmal bei uns sehen lässt!", sagt der Batteriechef Kapitänleutnant Bernd Seegers zu seinem Flakoffizier und blickt mit krauser Stirn missmutig in die Richtung, aus der die Engländer allgemein zu kommen pflegen.

„Viel Hoffnung habe ich da ja nicht!"

„Aber ich, Herr Kapitänleutnant!", erwidert Leutnant zur See Johannes Vogt, der in Friedenszeiten das würdevolle Amt eines Lehrers an einer höheren Mädchenschule bekleidet. Er ist ständig zu kleinen

Scherzen aufgelegt und verfolgt mit seiner Antwort anscheinend auch jetzt eine besondere Absicht, die ihm auch prompt gelingt.

„So?", fragt der Batteriechef ungläubig.

„Wenn Sie recht behalten und wir heute endlich den ersten Engländer herunterholen, dann will ich der Batterie meine ganze gestern frisch aus der Heimat eingetroffene Kiste mit Wein spendieren!"

„Angenommen!", gibt der Leutnant kurz zurück und nickt dabei erfreut.

„Ich setze fünf Kasten Bier dagegen!"

Dass auf Grund dieses in Aussicht gestellten Extragenusses ein allgemeines, inbrünstiges Stoßgebet zum Himmel geht, der Batterie wenigstens an diesem Tage einen Engländer vor die Rohre zu schicken, ist daher kein Wunder.

Dieser Wunsch hat seine Ursache aber nicht nur in der Weinkiste, sondern auch in der Tatsache, dass die Männer nun schon volle fünf Monate hier draußen in dem von aller Welt verlassenen Bunker auf der Insel Norderney liegen. Beinahe jede Nacht werden sie durch das Schrillen der Alarmglocken aus dem Schlaf gerissen und dann können sie nach einigen Stunden vergeblichen Wartens unverrichteter Dinge wieder unter ihre Wolldecken kriechen. Die feindlichen Flieger von der Insel haben bisher anscheinend einfach nicht den Mut gefunden, näher an die der deutschen Bucht vorgelagerten ostfriesischen Inseln heranzukommen. Ständig kreuzen sie mit ihren dicken Bombern oder Aufklärern in respektvoller Entfernung von den Inseln über dem Wasser hin und her. Hin und wieder versuchen sie auch einen kleinen Vorstoß. Sobald aber die ersten Scheinwerferstrahlen zum Himmel empor steigen, drehen sie zeitnah wieder ab. Das Feuern der Geschütze warten sie lieber erst gar nicht ab. Ein mutiger Rückzug ist nach ihrer Ansicht immer noch vorteilhafter als eine Auseinandersetzung mit einer wachsamen, gefechtsbereiten Marine-Flak-Batterie.

Alle Ohren lauschen jetzt gespannt auf die Worte des Mannes, der mittels seiner Kopfhörer in ständiger Verbindung mit dem Flugzeugabwehr-Gruppenkommandeur, kurz *FlaGruKo* genannt, steht. Laufend wiederholt er die Meldungen, die ihm von dort durch den Draht zugerufen werden.

„Mehrere unbekannte Ziele zehn Kilometer westlich der Insel! – Ziele drehen langsam nach Süden ab!"

„Natürlich! Das war ja wieder klar!", brummt der Batterie-Kommandeur ärgerlich und zieht den Mantelkragen seines feldgrauen Marinemantels noch höher.

„Die Tommies ziehen wieder einmal von dannen. Wie immer."

Die Männer, die gefechtsklar und erwartungsvoll an den Geschützen stehen und sitzen, machen wieder einmal lange Gesichter. Sie haben sich leider zu früh auf den Rheinwein gefreut. Dass der Feind noch einmal auf Gegenkurs gehen und zu ihnen heraufkommen wird, ist unwahrscheinlich. Er wird jetzt vielmehr der Festlandküste zustreben und sich dort irgendwo unbeliebt machen. Leutnant zur See Johannes Vogt aber scheint die Wette gegen Kapitänleutnant Bernd Seegers zu verlieren.

Achselzuckend wenden die Artilleristen dem äußerst vorsichtigen Feinde wieder den Rücken, tarnen erneut ihre Geschütze und präparieren die optischen Geräte. Wie gut haben es doch – so geht es ihnen durch den Sinn – die Infanteristen, die Flieger und die Männer der Artillerie des Heeres. Sie können dem Gegner auf den Pelz rücken, können ihn in seinen Maschinen, Bunkern und Schlupfwinkeln, in seinen Gräben und Flughallen aufstöbern, ihm die eisernen deutschen Grüße zu jeder Zeit und Stunde und bei jedem Wetter entgegenschicken und ihn zum Kampf zwingen. Die Marine-Flugabwehr aber muss geduldig warten und immer wieder warten. Tag und Nacht und Nacht und Tag muss sie in jeder Stunde bereit sein, immer auf der Lauer liegen, darf und kann aber nichts weiter tun, als hoffen, dass der Feind auch einmal zu ihr kommt, dass auch die Marine-Flak-Artilleristen einmal beweisen können, was sie gelernt haben und was sie leisten können.

Der Engländer aber kommt nicht, wenigstens nicht in die Reichweite ihrer 10,5 cm und 8,8 cm Flugabwehr-Geschütze. Er weiß nur zu gut, dass es dann um ihn und seine schönen, in der englischen Propaganda als unschlagbar bezeichneten Maschinen geschehen ist. Er meidet lieber die gefährlichen Zonen der deutschen Flugabwehr und begnügt sich damit, kostspielige, aber weitestgehend gefahrlose Aufklärungsflüge längsseits der deutschen Küste zu machen. Und das meistens auch nur im Schutze der Dunkelheit, wohlgemerkt! Bei Tageslicht könnten ihm nämlich die kleinen Messerschmitt Me 109 E Jagdmaschinen der Luftwaffe unangenehm rasch in die Quere kommen und sich in sein Genick setzen. Das aber wollen die englischen Fliegerstreitkräfte der Royal Air Force nicht riskieren.

Jeder Alarm hat einmal ein Ende. Als sich der Uhrzeiger der achten Abendstunde nähert, herrscht sowohl über als auch auf der Insel wieder tiefer Friede. Wenigstens hat es den Anschein. Wahrscheinlich würde die nächtliche Stille, durch die nur noch das langsam abflauende Brausen des Sturmes zu hören ist, in den nächsten Stunden durch kein Motorengeräusch und keine Granaten- oder Bombendetonationen mehr gestört werden.

Ehe sich jedoch der Batteriechef zur Eröffnung seiner Kriegsgeburtstagsfeier in den dafür ausersehenen und von dem größten Teil der Batteriebesatzung bereits besetzten Bunkerraum begibt, erkundigt er sich durch den Fernsprecher beim Gruppenkommando wohlweislich nach der *Luftlage*.

„In allen Lüften herrscht Ruh'", wird ihm da von dem wachhabenden Offizier in humorvoller Weise geantwortet.

Beruhigt legt Kapitänleutnant Bernd Seegers den Hörer aus der Hand.

„Das Bunkerfest kann nun programmmäßig steigen", denkt er sich erleichtert und voller Vorfreude.

Geschickte Hände haben den ansonsten tristen Raum mit seinen steingrauen Bunkerwänden mit einigen aus Papier geschnittenen und allerorts befestigten bunten Blumen und Girlanden farbenfreudig ausgeschmückt. Durch die Mitte des Bunkerraumes geht eine lange, weiß gedeckte Tafel, auf der neben den Tellern mit den Bestecken zwei Reihen gefüllte Bierflaschen wie in Paradeaufstellung stehen.

Gekrönt wird dieser Festschmuck durch einen in der Mitte der Tafel stehenden *Blumengarten*, der aus einer alten, mit Sand gefüllten Zigarrenkiste besteht, in der eine vertrocknete, kümmerlich anzuschauende Sanddünen-Blume steckt. Der Himmel mag wissen, wie dieses Gewächs in den Bunker gekommen ist. Rund um den Kasten aber steht in sorgsam geschriebenen Zeilen zu lesen: *Die Anlagen werden dem Schutze des Publikums empfohlen! – Hunde sind an der Leine zu führen!*

Mehr Aufmerksamkeit kann man für ein solches Gebilde wirklich nicht verlangen.

Als der Batteriechef den Bunker betritt und für den achtunggebietenden Gruß seiner hier bis auf die Wachposten vollzählig versammelten Soldaten dankt, tritt der Stubenälteste auf ihn zu und überreicht ihm im Namen seiner Batterie der Marine-Flak-Abteilung 226 als Geburtstagsgabe ein Ölgemälde. Es ist ein gut gelungenes Werk eines Matrosengefreiten, eines Kunstmalers von Beruf, der es in seiner Freizeit angefertigt hat. Es zeigt die Dünen wie sie die Männer täglich um sich haben.

Überrascht und gerührt dankt Kapitänleutnant Bernd Seegers seinen Männern. Er drückt jedem einzelnen der Marinesoldaten die Hand und sieht ihnen dabei in die Augen. Dann gibt er das lang erwartete Zeichen. Zur Eröffnung der Feier lässt sich die in einer Ecke aufgestellte Bunker-Künstlerkapelle mit einem kräftig gebrummten und gepaukten Begrüßungsmarsch hören, in dem selbst das vielfältige Schurren der unzähligen genagelten Stiefel und der Holzstühle restlos untergeht. Es dröhnt und knallt von den Bunkerwänden als habe es sich die Musik zum Ziele gesetzt, alle freiwilligen und unfreiwilligen Zuhörer noch im Laufe des Abends taub werden zu lassen.

Jetzt werden die großen Schüsseln mit dem Braten hereingetragen. Ein allgemeines „Aaah" und

„Oooh" klingt auf. Der Duft umstreicht lieblich alle Nasen und lässt den Männern das Wasser im Munde zusammenlaufen. Solch eine leckere Mahlzeit haben sie lange nicht mehr auf dem Tisch gehabt. Allerlei nette Zutaten wie gebratene Kartoffeln, Gewürzgurken, Rote Beete und – als Abschluss – Kronsbeeren bilden zusammen mit dem Hirschbraten ein geradezu fürstliches Schlemmermahl, bei dem kein Gaumen zu kurz kommt.

Ehe der Festschmaus jedoch beginnt, hält der Batteriechef eine kurze, launige Ansprache. Er spricht von der einmütigen Entschlossenheit der ganzen Batteriebesatzung bei der Vernichtung der feindlichen Angreifer wie bei der Vertilgung des Hirschbratens. Einstimmiges Beifallsgedröhn, in das die Kapelle mit Macht einfällt, bestätigt die Richtigkeit dieser Worte.

Nun kommt endlich das erlösende Kommando: „Hau rein!"

Während das Marine-Bunkerorchester, das sich schon vorher in der Küche runde Bäuche angefuttert hat, mit Schwung und Kraft in die Noten haut, beginnen an der Tafel Messer und Gabeln ihre *Arbeit* zu verrichten.

Kaum aber haben die Männer den ersten Bissen in den Mund geschoben und schmunzelnd zu kauen begonnen, als die Bunkertür sehr plötzlich und sehr energisch aufgestoßen wird. Eine dick vermummte Gestalt – es ist der Läufer vom Dienst – steckt den Kopf herein.

Mit einem Schlage verstummen alle Geräusche. Selbst die Musik reißt mit jaulendem Ton ab. Alles starrt den Mann an, als ob der Oberbefehlshaber persönlich in der Tür steht. Dieser schaut nun ganz verlegen drein. Es ist ihm anscheinend sehr unangenehm, die friedliche Eintracht an der Tafel stören zu müssen. Dann aber fasst sich der Matrosenobergefreite ein Herz und ruft hastig in den Bunker hinein: „Kriegswache – Achtung!"

Eine Sekunde lang herrscht noch betretenes Schweigen und Verunsicherung, während der Läufer vom Dienst schon wieder mit polternden Schritten verschwunden ist. Dann setzt eine einmütige Welle der Empörung gegen den niederträchtigen Tommy ein, der den Männern nicht einmal diese ruhigen Momente der Ausgelassenheit und den leckeren Hirschbraten gönnt.

„Der Deibel soll die Kerle hol'n!", ruft ein besonders aufgebrachter Sachse aus, der gern und reichlich isst.

Alles Schimpfen und Brummen hilft aber nichts. Die Marine-Artilleristen, denen bei einem solchen vorbereitenden Alarmruf die Aufgabe obliegt, die Batterie gefechtsklar zu machen, müssen die Gabeln aus den Händen legen, von ihren kaum angewärmten Plätzen aufspringen und hinaus in die eisige Kälte der Dunkelheit eilen. Der Batteriechef folgt ihnen.

Die Zurückbleibenden aber blicken verstohlen auf ihre Teller. Ihnen will das schöne Essen plötzlich gar nicht mehr recht schmecken. Die große Frage, wird der Alarm kommen oder nicht, beschäftigt alle Gemüter.

„Das ist bestimmt eh wieder nur ein blinder Alarm wie immer bisher!", meint ein Optimist laut vernehmlich, um sich und den übrigen Kameraden Mut zuzusprechen. Er geht dabei seinem Teller von neuem mit Messer und Gabel zu Leibe. „Bei dem

Dreckwetter jagt man doch keinen Hund hinaus, geschweige ein Flugzeug über die Nordsee!", lässt er sich schmatzend weiter vernehmen.

Dass es aber gerade über der offenen Nordsee in den letzten Stunden gut aufgeklart hat und auch die Wolken über der Insel sich zu lichten beginnen, ahnt noch niemand im Bunker.

Er erreicht jedenfalls damit, dass nach und nach wieder alle tapfer zulangen, um möglichst rasch fertig zu werden. Man weiß ja schließlich nie.

Aber – der Marine-Artillerist denkt und der Herr Gruppenkommandeur lenkt!

Kaum drei Minuten der Ruhe vergehen nach der plötzlichen Ruhestörung durch den Marineobergefreiten, als auch schon sämtliche Alarmglocken mit markerschütterndem Gebrüll schrillen. Nun ist es auch mit dem letzten Rest der versuchten Gemütlichkeit vorbei.

Ade Hirschbraten. Der Traum vom Geburtstagsfestmahl ist endgültig vorbei. Der Tommy ist dagegen. Mit einem letzten, wehleidigen Blick werden die kaum halbgeleerten Teller beiseite geschoben, die Bestecke auf den Tisch gelegt und die Stühle und Schemel zurückgeschoben. Mit hundert Mal geübter Geschwindigkeit stiebt die gesamte, eben noch friedlich um den langen Tisch versammelte Rest-Besatzung auseinander. Der Fußboden erzittert unter den Tritten der hastenden Männer in ihren schweren, genagelten Marschstiefeln. Verschiedene, kaum angebrochene Bierflaschen geraten dabei ins Wanken und fallen polternd um.

Im Nu sind alle Soldaten in die griffbereit hängenden Mäntel geschlüpft, ziehen sich die Kopfschützer über die Ohren, setzen die Stahlhelme auf und eilen im Laufschritt nach oben. Der noch immer eisig wehende Wind, der ihnen jetzt entgegenschlägt, hat die Bunkerausgänge mit kniehohen Schneeböen verweht.

Schnaufend und stapfend geht es an die bereits gefechtsbereiten Geschütze, deren Tarnnetze schon lange heruntergezerrt wurden und deren Mündungen drohend gegen den nachtschwarzen Himmel gerichtet werden. In wenigen Sekunden sind alle in einer harten Ausbildungszeit erlernten Handgriffe getan.

In der Gefechtszentrale stülpt sich der Hauptbefehlsübermittler die Kopfhörer über. Der zweite BÜ-Mann nimmt die Klarmeldungen der Geschütze sowie des hinter der Batterie stehenden Scheinwerfers und des etwas abseits aufgestellten Horchgerätes entgegen. Die Schützen der leichten 2 cm Flugabwehr-Geschütze, die in einiger Entfernung von der Batterie stehen, klemmen sich in ihre Sitze und schieben die ersten Patronenrahmen ein. Am Scheinwerfer summt der Motor auf, der die Lichtmaschine treibt. Am Horchgerät lauschen die Männer angespannt in die Nacht hinein. Sie sollen die ersten sein, die der Batterie die genaue Richtung nennen, aus der die feindlichen Maschinen letztendlich heran fliegen.

Jetzt lässt Kapitän zur See Bernd Seegers durch den Fernsprecher dem Gruppenkommandeur die Batterie gefechtsklar melden. Die Männer auf der einsamen friesischen Insel Norderney inmitten der tobenden Nordsee sind bereit, das hinter ihnen liegende Vaterland, ihre Familien und Freunde unter vollem Einsatz ihres Lebens zu verteidigen.

Ihr gerechter Zorn auf den Störenfried ist dabei nicht zu unterschätzen.

Wenn es den Kameraden von der anderen Feldpostnummer entgegen ihrer bisherigen Gewohnheit wirklich doch heute einfallen sollte, zu ihnen zu kommen, dann dürfen sie sich auf einen besonders herzlichen Empfang gefasst machen. Wer ihnen den so schön braun geschmorten Hirschbraten nicht gönnt, soll sie kennenlernen. Dass sie an diesem Tage wirklich noch Gelegenheit haben werden, mit dem Widersacher abzurechnen, ahnen sie noch nicht.

Vorläufig heißt es für die Männer der schweren Batterie der Marine-Flak-Abteilung 226 warten und nochmals warten. Ihre Geduld wird dabei wieder einmal auf eine harte Probe gestellt. Langsam aber sicher frisst sich die klirrende Kälte durch die Mäntel, Handschuhe und Ohrenschützer der Marinesoldaten. Es wird zunehmend schwierig, die Körper warm und einsatzbereit zu halten.

In der Gefechtszentrale dagegen fiebern die Marinesoldaten dem kommenden Ereignis bereits entgegen. Alle in der Nähe Weilenden horchen gespannt auf den Mann an der Hauptbatterieleitung, an dessen Ohr zuerst die Meldungen über die Feindbewegungen kommen. Er wiederholt sie laut, während sein Bleistift eifrig Zeile um Zeile des Tagebuches füllt, in das sämtliche Meldungen eingetragen werden.

„Mehrere unbekannte Ziele aus nordwestlicher Richtung mit Kurs auf die Insel!", lautet die erste der Meldungen, die sogleich an den Batteriekommandeur wie auch an die Geschütze und Geräte weitergegeben wird.

„Nanu?", äußert sich der eine oder andere der Artilleristen und sie sehen sich ungläubig an. „Gleich mehrere Flugzeuge? Will sich der Tommy etwa gleich massenweise hier den Hals brechen?"

„Nur heran, Ihr Herren! Wir warten schon lange auf euch!", ruft der Matrosengefreite Björn Claussen, Ladekanonier an einer der 10,5 cm Flak 38 so laut, als ob die anfliegenden Engländer ihn hören könnten.

„Alle Batterien gefechtsklar! – Feindliche Flugzeuge befinden sich dreißig Kilometer nordwestlich der Insel – Kurs Ostsüdost!", gibt der Befehlsübermittler Bootsmann Lasse Jürgensen die Werte durch.

Die Spannung im Batterieleitstand steigt.

„Ob die Briten wohl den Kurs beibehalten oder ob sie wie schon so oft kurz vor der Insel abdrehen, um wieder im Dunkel der Nacht zu verschwinden?", überlegt Seegers während er angespannt durch das Nachtglas in den dunklen Himmel starrt.

Nur an den Geschützen ist man von vornherein skeptisch.

„Die Kerls da oben haben ja eh keinen Mumm in den Knochen, sonst würden sie uns schon längst einmal gezeigt haben, was die können, wenn sie überhaupt etwas können!", meint einer der Geschützführer und erntet damit stummen Beifall.

„In ihren Zeitungen haben sie ja lange genug geprahlt, dass sie bei uns keinen Stein auf dem anderen lassen wollen!", pflichtet ihm der Richtschütze Matrosenhauptgefreiter Alfred Zimmermann bei.

Während in dieser Art die Meinungen über die Herren jenseits des Kanals laut werden und auch zwischen den Geschützen ausgetauscht werden, denkt hin und wieder noch einer mit Trauer im Herzen und auch im Magen an den schönen Hirschbraten, der dort unten im Bunker so einladend auf dem Tisch steht und nun langsam, aber sicher kalt wird. Ein Glück, dass es in der Batterie weder Katzen noch Hunde gibt. Es wäre sonst ein ungestörtes Festmahl für sie gewesen.

„An alle Batterien – Feuererlaubnis!", kommt es nun durch den Draht.

Sofort wird es zu den Geschützführern weitergeleitet. Die Telefonisten an den Geschützen wiederholen die Meldung als Bestätigung.

„Donnerwetter – Feuererlaubnis?", flüstern sich die Soldaten im Leitstand zu.

Jetzt horchen auch die vermummten Gestalten an den Kanonen auf, die bislang mit eingezogenen Köpfen und tief in den Manteltaschen vergrabenen Fäusten auf der rutschigen, verschneiten Betonbettung herumtrampelten, um sich die kalt gewordenen Füße zu erwärmen. Sollte das heute wirklich losgehen, nachdem sie schon seit Monaten vergebens auf diesen Augenblick warten und längst die Hoffnung aufgegeben haben, mit dem Tommy jemals in Berührung zu kommen? Die eifrigen, auf alles achtenden und für alles verantwortlichen Geschützführer kontrollieren nochmals die Geschütze und haben für den einen oder anderen ihrer Männer ein motivierendes Wort oder einen kameradschaftlichen Klaps auf die Schulter. Doch ihre Sorge ist vollkommen unbegründet. Ihre Geschütze und Bedienungen sind in hervorragendem Zustand. Ihre Leute stehen voll motiviert auf ihren Gefechtsposten.

Jeder notwendige Handgriff ist hundertmal einstudiert, jede Vorbereitung für den ersten gefechtsmäßigen Feuerstoß getroffen. Nun fehlt nur noch der Feind.

„Feindflugzeuge haben Westkante der Insel erreicht! – Kurs weiterhin Ostsüdost!", erklingt wieder die Stimme des BÜ.

Eine fühlbare und beinahe greifbare Erregung bemächtigt sich den Batteriebesatzungen.

„Der Tommy kommt wirklich!", schießt es nun auch dem Matrosenhauptgefreiten Zimmermann durch den Kopf. „Es ist kaum zu glauben!"

„Na, wenn es mal nur keine Fehlmeldung ist oder der Engländer noch seinen Irrtum bemerkt und noch in letzter Minute wieder schleunigst kehrtmacht!", meint der Geschützführer Fähnrich zur See Georg Fischer.

Doch der Feind macht keineswegs kehrt. Ganz im Gegenteil. Es ist bereits fernes Motorengeräusch zu vernehmen und es kommt näher und näher. Jawohl, es sind tatsächlich Feindflugzeuge – Engländer.

Der charakteristische Klang ihrer Bristol Pegasus XVIII-Motoren ist allen Soldaten der Marine-Flak-Batterien bestens bekannt.

Ein Irrtum ist ausgeschlossen.

Jetzt zischt der erste Scheinwerferstrahl mit grellem, weißbläulichem Licht zum nachtschwarzen Himmel empor. Tastend sucht er eines der heran fliegenden Ziele zu erfassen. Ein zweiter und ein dritter Scheinwerfer folgen. Wie die feinnervigen Fühler eines Rieseninsekts suchen sie in zitternder Unruhe den nächtlichen Himmel ab. Sie stoßen gegen Wolkenfetzen, versuchen sie zu durchdringen, um einen sich darin versteckt haltenden Feind zu erspähen und suchen weiter. Derweil brummt es aus einer Vielzahl von starken Motoren immer deutlicher heran. Der auf die Batterie zustehende Wind täuscht über die wahre Entfernung hinweg. Die Männer an den Geschützen glauben schon, den Feind über sich zu haben, während er noch mehrere Kilometer entfernt ist.

Augenblicke später – in dem letzten Teil eines Scheinwerferstrahls leuchtet es plötzlich auf.

Eine feindliche Maschine ist von dem grellen Lichtfinger eingefangen. Als sei sie blendend weiß gestrichen, glitzert sie selbst noch der am weitesten entfernten Batterie erkenntlich auf.

Zwar versucht der erschreckte und zugleich entsetzte Flugzeugführer, dem blendenden Lichtkegel durch einen raschen Sturzflug zu entgehen. Doch gelingt es ihm nicht. Auch der nun einsetzende Zick-Zack-Kurs und die immer wieder ändernde Geschwindigkeit bringen ihn nicht aus dem Leuchtkegel des 150 cm Flak-Scheinwerfers 34. Was dieser Scheinwerfer mit seiner Leuchtweite von 10.000 Meter und einer maximalen Leuchthöhe von 12.000 Meter erst einmal gefasst hat, hält er zäh fest. Dafür sorgen schon die Männer am Gerät, die höllisch aufpassen und den Gegner keinen Bruchteil einer Sekunde aus den Augen lassen. Sie sind durch unzählige Übungen schon derart geübt, dass sie fast jede kommende Bewegung des Angreifers beinahe vorausahnen und schon bereit sind entsprechend zu handeln.

In der nächsten Sekunde blitzt es auch schon grellrot bei der Nordbatterie *Busetief* auf. Die erste gefechtsmäßige Salve für die

Marine-Flak-Abteilung 226 verlässt mit krachenden Schlägen die Geschützrohre der 8,8 cm Flak.

Gespannt starrt nun alles zu dem grell-weißen Scheinwerferstrahl hinauf, dem der Engländer noch immer vergebens zu entrinnen versucht.

Nach wenigen Augenblicken platzen die ersten Feuerbälle feurig-rot mit harten Detonationen in seiner Nähe auseinander. Bereits die erste Salve liegt sehr gut. Die Sprengstücke müssen ihm schon um die Ohren geflogen sein, so dicht wie die Schüsse um ihn herum zerplatzen. Immer verzweifelter versucht der Tommy, sich dem vernichtenden Duett von Lichtkegel und zerplatzenden Flak-Granaten zu entziehen.

Schon zuckt eine zweite Salve mit langem Feuerstrahl auf und zischt zum Gegner. Hell tönend grollen die Schläge über die Insel. Die Männer in der Ostbatterie halten den Atem an. Aufgeregt fiebern sie mit ihren Kameraden mit.

Werden die jetzt zum Himmel pfeifenden Granaten den Engländer aus seiner luftigen Höhe herunterholen?

Wieder zucken die rot-gelben Sprengwolken auf. Zwei von ihnen liegen wieder in unmittelbarer Nähe des Flugzeuges, das genau in diesem Augenblick anscheinend zu einem abermaligen Sturzflug ansetzen will, um dem sicheren Verderben durch den Eisenhagel der krepierenden 8,8 cm Granaten zu entgehen. Die dritte, den Bruchteil einer Sekunde später krepierende Granate aber sitzt genau vor dem Bug der Wellington, so dass die Sprengwolke das Ziel für Sekunden völlig verdeckt. Krachende Schläge begleiten das seltene Schauspiel und echoen zum Boden hinunter.

„War das etwa ein Volltreffer?", rufen die Kameraden erstaunt und es brandet neidlos Beifall über die Tüchtigkeit und Treffsicherheit ihrer Kameraden von der Nordbatterie auf.

„Donnerwetter! Der hat aba jesessen!", ruft ein Ladeschütze aus Berlin erstaunt aus und schlägt seinem Nebenmann derart begeistert auf die Schulter, dass dieser förmlich zusammenzuckt.

Kaum ausgesprochen, schießt auch schon die eben noch völlig von Sprengwolken verdeckte Maschine steil in die Tiefe.

Ein Teil des Bugs scheint zu fehlen und die ganze rechte Tragfläche mitsamt dem Motor löst sich im Sturz vom Rumpf. Dann tauchen die Trümmer in das nachtschwarze Dunkel, wohin ihnen der Scheinwerfer nicht mehr so rasch zu folgen vermag. Es bleibt den Männern auch keine Zeit, nach den Resten des abgeschossenen Flugzeugs, das mit einer dumpfen Detonation und einem grellen Explosionsblitz auf die Erde aufschlägt, zu suchen. Noch immer brummt es aus vielen Motoren zu ihnen herab.

Dieser erste Abschuss ist in dieser Nacht jedoch nur der Auftakt zu einem wahren Höllenkonzert, das sich im Laufe der nächsten halben Stunde über der sonst so friedlichen Insel entwickelt.

Zu den bisher suchenden drei Scheinwerfern haben sich inzwischen weitere gesellt, die jetzt alle gleichzeitig den lärmenden Himmel nach allen Richtungen abtasten und sobald sie mit ihren riesigen Leuchtkegeln einen jener Feindbomber eingefangen haben, ihn nicht mehr in die schützende Dunkelheit entweichen lassen.

Sekunden später wird es schließlich in allen Teilen
der langgestreckten Insel lebendig. Gleich einem
feurigen Inferno knallt und kracht es aus allen bisher schweigenden und verdeckt gelegenen Rohren.
Grelle, rot-gelbe Blitze zucken auf. Ein pfeifendes
Zischen folgt. Dazwischen peitschen im schnellen
Stakkato die leichten Flugabwehrgeschütze der Kaliber 2 cm und 3,7 cm.

Wie brennende, auf eine Schnur gereihte Perlen
steigen ihre Leuchtspurgeschosse dem Angreifer
entgegen, um sich im besten Fall direkt in seine Me-
tallhülle hineinzufressen.

Alle Batterien haben jetzt den Abwehrkampf auf-
genommen.

Norderney gleicht einem feuerspeienden Vulkan.

Aus allen Geschützen peitscht es den Engländern
Verderben bringend entgegen. Es ist ein wahres
Höllenfeuer, das die Männer an den schweren und
leichten Flugabwehrgeschützen dem lange erwarte-
ten Gegner entgegenschicken.

Nachdem sie monatelang vergebens auf diesen
ersten großen Augenblick des Einsatzes gewartet
haben, arbeiten sie dort nun bis zur körperlichen Er-
schöpfung. Der Schweiß fließt ihnen, trotz der grimmigen Kälte vom Körper. Über den erhitzten Kör-
pern steigt Dampf in die kalte Nacht.

Immer neue Granaten werden durch die Boden-
stücke der Geschütze mit Wucht in die Rohre gestoßen, immer neue Rahmen mit den kleinen, fast zier-
lich anmutenden und doch so gefährlichen Sprenggranaten in die Verschlüsse der leichten Flugabwehrgeschütze geschoben, die sie ebenso rasch feuerspeiend gen Himmel schicken. Immer wieder
schleppen die Ladeschützen neue Granaten heran,

um die Feuerkadenz auf einem möglichst hohen Niveau zu halten.

Nur die Ostbatterie *Fischerhafen* schweigt noch als einzige. In fast schon nervöser Ungeduld sehen die Männer dem einmaligen Schauspiel der brüllenden Geschütze und krepierenden Granaten zu. Das ihnen gebotene Theater wirkt beinahe hypnotisch.

Noch ist der Angreifer für ihre Geschütze nicht nahe genug herangekommen, um ihn möglichst wirkungsvoll unter Feuer zu nehmen. Darüber hinaus wird mit dem Schweigen die Taktik verfolgt, dem Gegner so spät wie möglich den Stand der Batterie zu verraten, um ihn so besser mit dem Feuerstoß von vorn überraschen zu können.

Die einzigen Männer in der Batterie, die bereits fieberhaft arbeiten, sind die Entfernungsmesser. Sie haben die Ziele vom ersten Augenblick des Aufleuchtens an in ihrem Gerät festgehalten. Laufend messen sie nun die Entfernungen mit ihren von Carl Zeiss hergestellten Stereoskopen. Sie lesen die Werte ab und rufen sie dem Batteriechef zu, der halb geschützt im Turmluk eines Bunkers steht und mit seinem Nachtglas aufmerksam die Bewegungen der Angreifer und die Abwehrtaktik der Batterien verfolgt.

„Siebenunddreißighundert! – Sechsunddreißighundert!", ertönt es in gleichmäßigen Pausen mit einer betont ruhigen Stimme vom Messgerät her durch den Leitstand.

Erwartungsvoll richten sich viele Augen auf den Batteriechef Kapitänleutnant Bernd Seegers. Dieser aber ist ein Abbild eiserner Ruhe und Gelassenheit. Er steht unbeweglich auf seinem Platz. Nur hin und wieder nimmt er das Nachtglas von den Augen und wirft einen Rundblick über die von seinem Standpunkt aus gut zu überschauende Insel, auf der es allerorts feuerspeiend aufleuchtet.

Aber noch immer gibt er nicht das entscheidende, erlösende Kommando. Die schweren Flugabwehrgeschütze der Ostbatterie müssen weiterhin schweigen. Nur ihre Mündungen sind ständig drohend auf den anfliegenden Feind gerichtet. Die Richtschützen lassen das einmal gefasste Ziel keinen Augenblick mehr aus den Augen.

„Junge, Junge, wenn wir jetzt losknallen könnten! ", knirscht einer der Geschützführer. „Diese Vögel würden wir mit den ersten Granaten vom Himmel holen!"

Plötzlich geschieht etwas, worauf der Chef der Ostbatterie anscheinend nur gewartet hat. Aus dem vordersten Flugzeug der heran fliegenden Kette lösen sich plötzlich kurz hintereinander drei längliche Punkte, die sehr rasch in die nachtdunkle Tiefe fallen. Im hellen Licht des Scheinwerfers sind sie deutlich zu erkennen – Bomben!

„Achtung! – Der Tanz geht jetzt endlich los!", schreit jemand durch das Donnern der Geschütze und das Brummen der starken Flugzeugmotoren. Kaum ist seine Stimme verklungen, als es in einiger Entfernung zweimal kurz hintereinander dumpf aufbrüllt. Die Marineartilleristen sehen auch den schwachen Feuerschein der Explosionen.

Die Bomben haben getroffen – aber nur die schneebedeckten Dünen. Zwei große Krater sind das einzige Ergebnis. Die dritte Bombe scheint es angesichts dieser trostlosen Einöde, in die man sie geschickt hat, unter ihrer Würde zu halten, noch weiter von sich reden zu machen. Sie wühlt sich nur, ohne zu krepieren, verschämt tief in den Schnee, um wahrscheinlich erst nach Monaten, wenn die Maisonne die letzten Überbleibsel des weißen Winters in Nichts verwandelt hat, als schon stark angerosteter Zeuge eines nächtlichen Angriffes wieder an das Tageslicht zu kommen. Entweder wissen die Engländer nicht, wo sich das zu bekämpfende Ziel befindet oder aber der Bomber hat seine todbringende Last im Notwurf abgeworfen.

Plötzlich lässt sich zum ersten Mal seit dem laufenden Angriff die scharfe, schneidende Stimme des Batteriechefs lautstark vernehmen: „Frage – Entfernung?"

„Neunundzwanzighundert!", kommt es prompt vom Haupt-BÜ als Antwort.

„Neunundzwanzighundert!", kommandiert der Kapitänleutnant nun.

An allen Geschützen wird die Zahl wiederholt. Weitere Kommandos über die Seitenvorhalte folgen. Die Richtkanoniere arbeiten in fieberhafter Eile, um die Geschütze in die richtige Position zu bekommen. Jeden Moment muss der erste große Augenblick kommen!

Der Bruchteil einer Sekunde vergeht in starrem Schweigen. Die Zeit zieht sich scheinbar zur Unendlichkeit.

Dann kommt das langersehnte Kommando von Kapitänleutnant Seegers: „Eine Salve!"

Ein scheinbares Durcheinander rufender und sich überschneidender Stimmen erklingt nun.

Die Bodenverschlüsse der Geschütze werden mit krachendem, metallischem Laut geschlossen.

Dann brüllt es aus allen Rohren der Batterie beinahe gleichzeitig auf. Nur Millisekunden liegen zwischen den peitschenden Abschüssen.

Ein greller Feuerschein taucht für Augenblicke die ganze Batterie in ein brennendrotes Licht. Für einen Außenstehenden muss es ein gespenstischer Anblick sein. Die rot erleuchteten Soldaten an ihren Geschützen in der verschneiten Landschaft, die nun ebenfalls in ein feuriges Rot getaucht ist.

Die ersten Sprenggranaten haben die Geschützrohre der schweren Flak der Ostbatterie verlassen. Die Männer an den Kanonen spüren eine gewisse Art der Erleichterung, da sie endlich dem Feind mit Waffengewalt entgegentreten können und auch Lust, dieses große Ereignis mit einem donnernden „Hurra" zu begrüßen.

Ehe sie jedoch den Mund dazu öffnen können, werden sie alle Zeuge eines Vorganges, der ihnen trotz des an sich erfreulichen Verlaufes eine große Enttäuschung bereitet.

Von dem Augenblick des Abschusses bis zur Detonation der Granate vergehen einige spannungsgeladene Sekunden, in denen die Geschosse die mehrere Kilometer betragende Entfernung zurücklegen müssen. In diesen wenigen Sekunden aber müssen die Männer der Ostbatterie, die mit offenen Augen dem anstürmenden Feind entgegenblicken, ihre Hoffnung, diesen Gegner herunterzuholen für immer begraben.

Kaum haben sich nämlich nach dem grellen Mündungsfeuer der Geschütze die Augen wieder einigermaßen an die neue Dunkelheit gewöhnt, als plötzlich durch das von ihnen ins Visier genommene Flugzeug ein heftiger Ruck geht. Im gleichen Augenblick zerplatzt ein greller Feuerball unmittelbar unter seinem langgezogenen Rumpf. Eine lange Stichflamme schießt in der nächsten Sekunde aus der Maschine, die sich sofort auf den Kopf stellt und wie ein langschweifiger Komet brennend zur Erde niederstürzt.

Es war die Nordbatterie *Busetief*, die diesen ausgezeichneten Volltreffer erzielt hat, und es ist bereits ihr zweiter Abschuss in dieser Nacht.

Eine Sekunde später aber krachen auf dem gleichen Fleck, auf dem der Engländer eben noch gestanden hat, die Sprenggranaten der Ostbatterie so gut gezielt und dicht aufeinander, dass sie nur eine einzige Sprengwolke bilden. Da geht ein Ruf der Entrüstung durch die Batterie.

„So eine Gemeinheit!", schimpft ein bärtiger Soldat aus vollem Herzen und schickt einen wütenden Blick zu der erfolgreichen *Konkurrenz* hinüber.

Dann aber nehmen die Männer, die ihren Ärger nicht allzu Ernst meinen, den nächsten der immer näher heran fliegenden Feindbomber ins Visier.

Nun kracht und donnert es in ununterbrochener Reihenfolge aus allen schweren Geschützen der Ostbatterie. Das knallende Zerbersten ihrer Granaten mischt sich in das Brüllen und Toben der anderen Batterien, die ohne Unterlass Salve auf Salve den in mehreren Ketten heranbrausenden Engländern entgegenschicken.

Dazwischen belfern wütend in schnellster Kadenz die 2 cm und 3,7 cm Geschütze und decken den Angreifer mit ihrem Geschoßhagel ein. Es sieht am nächtlichen Himmel aus, als ob jemand ein brennendes Gitternetz aufgespannt hätte.

Aus der Höhe aber krachen in ungleichen Abständen wahllos gezielte Bomben im Notabwurf auf die Insel herab. Überall springen Erd-, Dreck- und Sandfontänen, gemischt mit Schnee und Eis auf, werfen dann den Schnee, Sand und Dreck in die Höhe, fallen wieder in sich zusammen und lassen als einziges Ergebnis einen kreisrunden, nur wenige Meter tiefen Sandkrater zurück, je nachdem wie tief der Boden an dieser Stelle gefroren ist.

„Wenn das die englischen Steuerzahler wüssten, wie nutzlos ihre Helden die teuren Bomben verplempern!", lässt sich der Flakoffizier Leutnant zur See Johannes Vogt vernehmen.

Der Batteriechef Kapitänleutnant Bernd Seegers nickt beifällig.

„Unsere Kameraden der Luftwaffe verstehen ihre Ladung besser ins Ziel zu bringen!", erwidert er zwischen zwei zu beiden Seiten aufbrüllenden Salven. Er lässt sich dabei weder durch das Höllenkonzert um ihn noch durch die Vielzahl der scheinbar wild durcheinander schwirrenden Kommandos, Rufe und Meldungen aus seiner Kaltblütigkeit bringen. Der Batteriechef wirkt in diesem Augenblick, als hätte er in seinem ganzen Leben noch nie etwas anderes gemacht, als diese Marine-Flak-Batterie zu führen.

Als seien die im Licht der vielen Scheinwerfer dort oben und trotz ihrer schwarzen Tarnung an ihrer Unterseite hell aufleuchtenden Flugzeuge niedliche Singvögel, die ihren friedlichen Zug nach dem sonnigen Süden antreten, blickt er ruhig zu ihnen hinauf und gibt dabei in bewundernswerter ruhiger Gelassenheit seine Kommandos. Dabei verändert sich der Ton seiner Stimme nicht um eine einzige Oktave.

Diese eiserne Ruhe ihres Batteriechefs und Flakleiters imponiert den Männern im Leitstand und an den Geschützen derart, dass sie selbst von derselben Ruhe und Kaltblütigkeit durchdrungen werden, die sie früher nie für möglich gehalten hätten.

Selbst wenn der Engländer statt mit den zwanzig, mit zweihundert Flugzeugen gekommen wäre, würde Seegers die Artilleristen der Ostbatterie, die in jeder Beziehung wie Pech und Schwefel zusammenhalten, genauso sicher, professionell und kaltblütig führen.

Der Augenblick der ersten, gespannten Aufregung, die aber keineswegs einer aufsteigenden Furcht entsprang, sondern höchstens der Angst, wieder einmal nicht zum Schuss zu kommen, ist vorüber. Was auch immer jetzt noch geschieht oder geschehen mag, es wird die in ihren feldgrauen Mänteln und Stahlhelmen bekleideten und agierenden deutschen Marine-Flak-Artilleristen in ihrer kalten Entschlossenheit nicht erschüttern.

Unter diesen Bedingungen beginnt für die Ostbatterie auf der einsamen, friesischen Insel Norderney eine intensive und kräftezehrende Nacht.

Vergessen ist längst, was unten im festlich geschmückten Bunker auf der langen Tafel steht und kalt wird. Niemand denkt jetzt mehr an den nun schon längst kalt gewordenen Hirschbraten, an die langsam einschrumpfenden Bratkartoffeln. Hier oben heißt die Losung an den Geschützen: *Raus aus den Geschützrohren was geht.*

Trotz alledem gibt es auch noch in der Ostbatterie Männer, die bis zu dieser Minute tatenlos den Ereignissen zusehen müssen. Es sind dies die Schützen an den beiden seitlich von der Batterie aufgestellten 2 cm Flak 30.

Für ihre kleinen, dafür aber sehr beweglichen und schnell feuernden Kanonen ist auch der vorderste der Engländer noch zu weit entfernt. Ihre Feuerkraft und ihre Stärke bestehen darin, auf eine verhältnismäßig kurze Entfernung, wenn der Feind in seinen schnellen Maschinen gegebenenfalls wie ein Blitz im Tiefflug an der Batterie vorbeisaust, ihm schnell gezielte Garben glühenden Eisens in den Rumpf zu jagen.

Dazu ist es aber bisher noch nicht gekommen.

„Leider sind wir noch nicht am Drücker", sagen die Männer an der leichten Flak mit ihrer sehr viel höheren Schuss-Kadenz im Vergleich zu den schweren 8,8 cm und 10,5 cm Geschützen. Obgleich der Tiefangriff eines gut geübten Bombers für eine Flugabwehr-Batterie große Gefahren mit sich bringt, fiebern auch diese Männer ihrem ersten Einsatz mit scharfem Schuss gegen den Feind entgegen.

Dennoch soll man aber den Kampf nicht vor seinem Ende loben oder wie hier tadeln. Aber dies werden die Richtschützen und Ladekanoniere an ihren Geschützen heute noch früh genug erfahren müssen.

Obgleich alle hörbaren Motorengeräusche der herankommenden Engländer aus der gleichen, nordwestlichen Richtung kommen und damit verraten, dass der Angreifer einen einseitigen Frontalangriff durchführen will, lassen sich die Beobachter an den leichten Flak nicht von ihrer immer wieder eingehämmerten Pflicht abbringen, auch die übrigen, anscheinend ruhigen Himmelsrichtungen im Auge zu behalten. Wenn auch im Gebrüll der Geschütze und dem Donnern der starken Bomber-Motoren ein einzelnes Motorengeräusch, das sich der Insel aus einer anderen Richtung nähert, nur schwer zu erkennen ist, so ist es immer noch besser, vergeblich in andere Richtungen zu schauen, als sich von dort unverhofft überraschen zu lassen. Soeben will der Richtschütze der äußersten der beiden leichten Flak-Waffen, der bisher den vordersten Engländer ständig im Visier gehabt hat, den Kopf beiseite nehmen, um sich die von dem noch immer scharfen Ostwind tränenden Augen zu trocknen, als der Ruf ertönt: „Feindflieger – halbrechts!"

Im gleichen Augenblick trifft auch schon der Lärm zweier auf höchsten Touren laufenden Bristol-Pegasus-Motoren die Ohren aller Männer. Die Köpfe schießen wie automatisch herum. So schnell wie es mechanisch möglich ist, werden die Geschütze herumgedreht. Eifrig suchen die Gläser den dunklen Himmel nach der heran fliegenden Feindmaschine ab.

Da blitzt nun endlich der bislang noch immer unsichtbar gebliebene 150 cm-Flak-Suchscheinwerfer hinter der Ostbatterie auf. Sirrend fährt sein greller Strahl in den pechschwarzen Himmel hinein und beleuchtet im gleichen Augenblick die silbern schimmernden Kreise der sich rasend schnell drehenden Luftschrauben des schräg auf die Batterie herabstürzenden englischen Kampflugzeuges. Ganz deutlich ist die gläserne Kanzel in der Mitte zu sehen, in der der MG-Schütze sitzt. Das helle Licht des Scheinwerfers bricht sich an den Scheiben und wirft reflektierende Lichtbündel zurück. Und ebenso deutlich erkennen die Männer die drohend auf die Batterie gerichteten Mündungen der Bordwaffen des Bugturms.

Anscheinend wollte der Engländer in dieser Sekunde den ersten Feuerstoß auf die Bedienung der Ostbatterie, die er im Widerschein der feuernden Geschütze deutlich erkennen kann, herabschicken. Durch den grellen Lichtkegel wird er aber anscheinend derart geblendet, dass der britische Flugzeugführer abrupt seine schwere Maschine herumreißt, um mit einem Steigflug nach oben links dem gefahrvollen Lichtkegel zu entrinnen versucht, denn das Ziel welches er erfasst, ist in tödlicher Gefahr.

Auf diesen günstigen Augenblick haben die deutschen Luftwaffensoldaten an ihrem 2 cm Flugabwehrgeschütz jedoch nur gewartet. So beeindruckend nahe wird ihnen wohl kaum wieder ein Flugzeug vor die Mündung kommen. Die feindliche Vickers Wellington ist beinahe schon majestätisch anzuschauen.

Wie auf Kommando prasseln nun aus den beiden Kanonen gleichzeitig die ersten Salven dem verwegenen Engländer entgegen. Zwei rasend schnell dahinjagende Leuchtspurketten treffen genau im Lichtkegel des Scheinwerfers aufeinander, jedoch um den Bruchteil einer Sekunde zu spät. Haarscharf sausen sie an der linken Tragfläche des Feindbombers vorbei und verlieren sich irgendwo im Dunkeln.

Eine zweite Garbe aus den Rohren der wendigen Kanonen folgt sofort. Die Ladeschützen rammen einen Laderahmen nach dem anderen in die Geschütze. Die leeren Messinghülsen werden in schneller

Reihenfolge aus dem Geschütz hinausgeschleudert
und fallen zischend in den kalten, weißen Schnee.
Wieder jagen die Granaten in schnellster Schussfolge hintereinander auf den Engländer zu. Die einge-
spielten Geschützmannschaften schaffen eine
Schussfolge von beinahe 160 Schuss pro Minute, die
dem Feind entgegenjagen. Lange können die Ladeschützen dieses Tempo jedoch nicht durchhalten. Je
länger der Feuerkampf dauert, desto mehr fällt die
Schussfolge ab, so dass sie nach kurzer Zeit nur
noch bei circa 120 Schuss pro Minute liegt.

Doch auch diesmal surren die Geschosse in unmittelbarer Nähe der Maschine vorbei. Die Richtschützen fluchen und so manches unflätige Wort ist selbst
durch den Geschützdonner zu vernehmen.

Der englische Flugzeugführer scheint ein Könner
zu sein und seine Maschine bestens zu beherrschen.
Als befinde er sich bei einer Kunstflugveranstaltung
über einem friedlichen Flughafen, den Tausende
von begeisterten Zuschauern umsäumen, zwingt er
seine Maschine in steilen Kurven und kurzen Sturz-
flügen, ohne jedoch dabei dem gefährlich grellen
Strahl des scheinbar an ihm klebenden Scheinwerfers für lange Zeit wirklich zu entgehen. Die Maschine macht dabei den Eindruck eines Fetzens Papier, das vom Wirbelwind erfasst und in der Luft
umhergeschleudert wird. In manchen Augenblicken meinen die deutschen Marine-Flak-Soldaten,
dass der britische Bomber nun endgültig ins Trudeln geraten und abschmieren muss. Doch es gelingt dem britischen Flugzeugführer immer wieder
seine Wellington abzufangen und zu stabilisieren.

In diesem irrsinnigen Auf und Ab die Maschine zu
treffen, wäre wahrlich ein großes Kunststück und

genau das gelingt den deutschen Richtschützen nicht.

Zu allem Überfluss seiner zur Schau gegebenen schieren Kunstflugvorstellung beginnt nun der Engländer, den ihn verwundbar und wütend machenden Scheinwerfer mit Gewalt aus dem Wege räumen zu wollen. Trotz des mörderischen Feuers der leichten Flakgeschütze, die ihn noch immer mit einem ununterbrochenen Feuerhagel eindecken und seine Tragflächen immer mehr durchlöchern, setzt er nun wieder zu einem neuen Angriffsflug auf den Scheinwerfer an und jagt ihm gleichzeitig aus sämtlichen Rohren des Bugturms einen Feuerhagel entgegen, der ihn zum Erlöschen bringen soll. Wie ein dichter Hagelschauer umprasseln in diesem Augenblick die 7,7 mm Stahlgeschosse aus den zwei Browning-Maschinengewehren den Scheinwerfer und seine Bedienung, treffen hier und da auf einen metallischen Gegenstand, der misstönend aufklirrt. Wie durch ein Wunder aber bleibt der Spiegel des Scheinwerfers unversehrt. Nur ein Mann seiner Bedienung sinkt, von einem Geschoß getroffen, blutend zusammen.

Da zieht der Engländer mit einem plötzlichen Ruck, der seine ganze ohnmächtige Wut verrät, die Maschine steil in die Höhe, um zu einem neuen Angriff anzusetzen. Bei diesem Manöver werden die Landser nun vom Heckturm aus beschossen. Wieder jagen ihnen die 7,7 mm Geschosse entgegen und prasseln gegen den dünnen Schutzschild der leichten Flugabwehrgeschütze und des anvisierten 150 mm Suchscheinwerfers.

Jetzt aber ereilt ihn das Schicksal. Ebenso wütend wie er, sind auch die Männer an den beiden Kanonen, die sich darüber ärgern, dass sie dem Burschen trotz ihrer größten Anstrengungen nicht den Übermut austreiben können.

Krachend fährt ihm aus der linken Flak eine neue Ladung entgegen, während die rechte gerade neu lädt. Ehe nun auch dieser Richtschütze zum abermaligen Schuss kommen kann, sieht er, wie sich die englische Maschine, die eben noch im steilen Kurvenflug fast auf der rechten Tragfläche gestanden hat, plötzlich überschlägt als habe sie das Gleichgewicht verloren und nach einer ganz ungewollten und völlig unmöglichen Wendung steil herabsaust.

„Getroffen!", brüllt die Besatzung der 2 cm-Flak, die den Engländer zur Strecke gebracht hat. Die Männer der rechten Flak-Waffe haben diesmal das Nachsehen. Sie können nur noch Zeuge sein, wie die Maschine mit einem dumpfen Ton auf das Meer aufschlägt, krachend die Eisschollen durchbricht und dann wahrscheinlich mitsamt der Besatzung in den eiskalten Fluten versinkt. Die Dunkelheit lässt es nur erahnen. Die Marine-Flak-Artilleristen konnten jedenfalls nicht erkennen, ob einer der englischen Luftwaffe-Soldaten noch aussteigen konnte.

Ehe die Männer der rechten Kanone nun neidlos in den Freudenruf einstimmen können, brüllt plötzlich jemand auf: „Flieger von rechts!"

Überraschender hätte selbst ein auf dem Friedensschießstand mit allen Raffinessen arbeitender Exerziermeister dieses Kommando nicht geben können. Dennoch fliegt die Mündung der Flak blitzschnell herum, ohne dass die Männer sofort eine Ahnung haben, wo der neue Angreifer steht.

„Da – da kommt er!", brüllt der Geschützführer Obermaat Lars Bolte und deutet in die Richtung, in der er vor einer Sekunde im Widerschein eines vorbeihuschenden Scheinwerfers die Umrisse einer lautlos heraneilenden Maschine gesehen hat.

Da ist auch schon wieder der Suchscheinwerfer zur Stelle, dessen Männer den Ruf durch das Telefon vernommen haben. Grell beleuchtet sein Riesenarm die nur noch wenige hundert Meter entfernte Maschine. Unheimlich wirkt im Getöse des Kampfes ihr schweigender Sturzflug. Ganz klar ist ihr Hoheitsabzeichen, das *Pfauenauge*, zu erkennen.

Also ein Engländer! Er versucht mit gedrosseltem Motor im Gleitflug die Batterie rücklings anzugreifen. Mit seinen MGs wollte er die Batterie beharken und sie gleichzeitig mit seinen Bomben eindecken, während sein Kamerad die Aufmerksamkeit der Flak-Batterie-Besatzung durch seine akrobatischen Kunststücke und seine wilden Manöver auf sich zieht.

Es ist eine neue Taktik der Engländer.

Die deutschen Marineartilleristen aber sind hellwach und aufmerksam. Sie lassen sich nicht so leicht überrumpeln.

Kaum hat der Lichtkegel des Scheinwerfers das neue Ziel erfasst, als ihm auch schon die erste Ladung 2 cm-Granaten entgegen gejagt wird.

Obgleich das Flugzeug wie ein Pfeil direkt auf die Batterie zugeschossen kommt und nur noch wenige hundert Meter von ihr entfernt ist, bleibt es ziemlich schwierig es zu treffen. Die von vorn gesehenen schmalen Tragdecks sowie die spitz zulaufende Kanzel am Bug bieten wenig Zielfläche.

Da aber kommt der Engländer den Männern an der Flak-Maschinenwaffe entgegen. Scheinbar erschreckt durch den Lichtstrahl und durch den unerwarteten Feuerstoß, den er aus der Batterie empfängt, reißt der Flugzeugführer seine Maschine ebenfalls wie sein Kamerad vorher herum. Er will sich mit einer steil gezogenen Kurve aus dem gefährlichen Bereich der leichten Flak und des grellen Scheinwerfers bringen. Dabei zeigt er den Schützen für Sekunden seine volle Breitseite. Sie ist für die Männer der Kanone ein geradezu ideales Ziel.

Diese nahezu einmalige Gelegenheit lassen sie natürlich nicht ungenutzt vorübergehen. Von dem Willen angetrieben diesen Burschen herunterzuholen, prasselt ihm eine zweite Garbe der 300 Gramm schweren Sprenggranaten entgegen.

Noch während dieses kurzen, aber energischen Feuerstoßes können die sieben Männer an der 2 cm Flak 30 im hellen Scheinwerferlicht deutlich die Einschläge in dem Rumpf der englischen Vickers Wellington beobachten. Die Wirkung dieser Salve hat für den Feindbomber unmittelbare Folgen.

Kaum hat die letzte der Granaten aus dem 20-Schuss-Rahmen das Rohr verlassen und kaum hat der wieder mit Vollgas laufende Motor des Engländers zum neuen hell tönenden Brummen angesetzt, um die Maschine so schnell wie möglich empor zu reißen, als eine gewaltige Detonation die Luft erzittern lässt. Für Sekunden wird jeglicher Lärm der übrigen noch feuernden Batterien übertönt. Eine mächtige Stichflamme verwandelt alles, was eben noch zum Flugzeug gehörte, in eine weißglühende, sprühende Masse. Gleich einer Riesengranate zerspringt der englische Bomber vom Typ Vickers Wellington B Mk.I mit seiner von einem Geschoß getroffenen Bombenlast vor den Augen der Batteriebesatzung.

Die brennenden Teile der Feindmaschine stürzen weiterhin funkensprühend in die langsam zum Strand hinaufwellende Nordsee.

Die Marine-Flak-Artilleristen stehen stumm und gefesselt vom Anblick des zerberstenden Flugzeuges und starren in die in diesem Augenblick schlagartig erhellte Nacht. Wo eben noch ein moderner englischer Bomber kreiste, rieselt jetzt nur noch eine glühende Masse in tausend Teilen und Splittern hinab ins eisig kalte Meer.

Dieser Erfolg ihres Abwehrkampfes bannt sie derart, dass sie für Sekunden sprachlos auf den Fleck am Himmel blicken, der jetzt wieder in tiefe Dunkelheit getaucht ist. Der hilfsbereite Scheinwerfer hat sein Licht nach getaner Arbeit gelöscht.

Dann aber erwachen unter dem weiterrollenden Donner der übrigen Batterien die Männer aus ihrer Erstarrung. Mit Gebrüll, das zu jeder anderen Zeit der übrigen Batteriebesatzung einen gehörigen Schrecken eingejagt hätte, reißen sie ihre 2 cm Flak herum, um den nächsten der Angreifer zu bekämpfen.

Sie kommen etwas zu spät. Während der letzten verflossenen Minuten haben nämlich die schweren 8,8 cm und 10,5 cm Flakgeschütze aller zur Bekämpfung der Feindbomber in Reichweite liegenden Batterien unter den englischen Bombern gewütet. Der Tod hat in dieser Nacht reiche Ernte gehalten. Die unzähligen krepierenden Granaten saßen derart wohl gezielt zwischen dem englischen Bomberpulk, dass noch zwei von ihnen die ungewollte Landung auf der Insel für immer vornehmen mussten, noch ehe sie dazu kamen ihre Bombenlast abzuwerfen. Weitere der mittleren Bomber weisen mehr oder minder schwere Beschädigungen durch die Splitter der Flak-Granaten auf, so dass sie teilweise auf der britischen Insel notlanden müssen oder unter größten Schwierigkeiten zum Heimatstützpunkt zurückkehren können.

Den übrigen feindlichen Flugzeugführern und ihren Besatzungen der noch in der Luft herumsurrenden Maschinen ist aber ein Grauen den Rücken heraufgestiegen, als sie einen nach dem anderen ihrer Kameraden in die Tiefe hinabstürzen sehen oder erkennen, wie sie von den deutschen Flak-Granaten beschädigt werden. Ihr beherrschender Gedanke ist jetzt nur noch: „Raus aus diesem Hexenkessel!" Es blitzt und kracht von allen Seiten. Tausende von stählernen Sprengfetzen zischen und surren durch den künstlich erhellten Nachthimmel über den friesischen Inseln und der Nordsee und zerreißen alles, was sich ihnen dabei in den Weg stellt.
Einige der Engländer lassen dabei – deutlich können es die Männer in den Batterien beobachten – wahllos im Notabwurf ihre Bomben fallen. Es ist ihnen jetzt gleichgültig, wo die Dinger, die Tod und Verderben in die Reihen der deutschen Marine-Flak-Soldaten bringen sollten, auftreffen. Ihr einziger Gedanke ist nur, diese schwere Last loszuwerden, um so rasch wie möglich Höhe zu gewinnen und den Rückflug antreten zu können. Etwas Mut gehört in diesem Falle allerdings schon dazu, denn die deutschen Flakgeschütze bellen fast noch wilder als zuvor. Sie haben es sich anscheinend zum Ziel

gesetzt, auch den letzten der Engländer zu einer unfreiwilligen Landung auf deutschem Reichsgebiet zu zwingen, ob nun in einem Stück oder in Einzelteilen. Die Sprenggranaten prasseln den Flugzeugführern und den übrigen Männern der sechsköpfigen Besatzung um die Ohren, dass ihnen Hören und Sehen vergeht.

Der feindliche Angriff ist nach einer gefühlten Ewigkeit beendet. Die drohend gen Himmel gerichteten Mündungen der 2 cm, 3,7 cm, 8,8 cm und 10,5 cm Geschütze senken sich langsam herab. Sie haben ihre stählerne Sprache gesprochen. Ein halbes Dutzend englische Maschinen des modernen Typs Vickers Wellington tritt nie mehr den Rückflug an. Für sie ist der Krieg auf Norderney oder in der Nordsee beendet.

Wo aber sind die Männer, die diese Maschinen über die Nordsee lenkten, die mit einem immerhin anerkennenswerten Mut den glühenden, todbringenden Stahlhagel der deutschen Flak zu durchdringen wagten und versuchten mit Todesverachtung ihre Bombenlast auf die deutschen Batterien zu werfen?

Haben sie in der Weißglut ihrer brennend herabstürzenden Maschinen den raschen Tod gefunden oder liegen sie jetzt irgendwo inmitten den tief verschneiten, frosterstarrten Dünen, schwerverletzt, eingeklemmt in den Trümmern ihres Flugzeuges oder paddeln sie hilfesuchend in der eiskalten, schäumenden Nordsee?

Schon klettern einige Männer der Batterie über die Geschützbettung. Mit schweren Schritten bahnen sie sich einen Weg durch den stellenweise meterhohen Schnee. Sie wollen die Trümmer der abgestürzten Flugzeuge suchen soweit sie erreichbar sind.

Vielleicht können sie noch Menschenleben retten. Allen voran stürmt ein junger Maat. Er hatte trotz des Höllentanzes der Geschütze und der dröhnenden Motoren Zeit gefunden, den Aufschlag eines abgestürzten Bombers zu beobachten und sich die Richtung gemerkt. Seiner Schätzung nach müssen es kaum hundert Meter bis zu dieser Stelle sein. Mehrere der feldgrau gekleideten Landser eilen ihm nach.

Die starre, undurchdringliche Nacht täuscht jedoch das Auge. Schier endlos scheint den Männern der beschwerliche Weg durch den tiefen Schnee. So manche Schneeböe und Schneeverwehung bremst ihren Marsch zum Wrack. Der eisige Wind pfeift ihnen um die Ohren. Kleine Eispartikel peitschen ihnen schmerzhaft in die geröteten Gesichter. Obgleich sie wie eine Schützenkette weit ausschwärmen, das Gelände durchstreifen und sich gegenseitig durch halblaute Zurufe verständigen, können sie nichts von den Trümmern eines Flugzeuges entdecken. Selbst der hier und dort kurz aufblitzende Lichtschein einer Taschenlampe trifft nur Schnee und spärliches Dünengras, dessen Spitzen wie die Büschel einer ausgefransten Bürste aus der Schneedecke lugen.

Endlich bleiben die Soldaten stehen. Es ist zwecklos, in dieser Finsternis noch weiter aufs Gradewohl zu suchen. Doppelt zwecklos, weil kaum noch einer der Flugzeuginsassen leben kann. Zu groß war die Höhe, aus der die Flugzeuge abstürzten, zu gewaltig die Sprengwirkung der deutschen Granaten.

„Umkehren!", befiehlt der Maat letztendlich schweren Herzens.

Die Soldaten stapfen den eben gekommenen beschwerlichen Weg zurück.

Da trifft plötzlich ein seltsamer Laut ihr Ohr, um gleich darauf wieder vom heulenden Wind fortgerissen zu werden. Doch haben es mehrere der Marinesoldaten gehört und nicht nur der Maat. Er scheint von weither zu kommen. Sie stutzen, ziehen die Ohrenschützer zurück und lauschen in die Nacht hinein, durch die ein langsam abnehmender aber sehr eisiger Wind geht.

Da – wieder dringt der Laut gegen den Wind zu der Gruppe Landser herüber. Kommt er von einem entlaufenen, verirrten Schaf, das dem Erfrieren nahe ist, oder ist es ein Mensch, der mit versiegenden Kräften den letzten Hilferuf ausstößt?

„Was ist das?", fragen sich die deutschen Soldaten. Ansichten und Meinungen fliegen hin und her.

„Ruhe!", befiehlt der junge Maat energisch. „Bei dem Gequatsche kann man überhaupt nichts mehr hören. Schlimmer als ein Haufen Waschweiber."

Wieder lauscht alles in die Richtung, aus der jener Laut gedrungen ist.

Da – zum dritten Male zittert die unbekannte, unverständliche Stimme durch die finstere, kalte Nacht herüber. Jetzt ist sie deutlicher zu erkennen. Es ist die eines Menschen – eindeutig – und er befindet sich in Gefahr.

Er hat scheinbar das kurze Aufleuchten der Taschenlampen gesehen, hat anscheinend die nahende Rettung gefühlt, hat dann seine letzte Kraft zusammengerafft und wäre dennoch unbemerkt geblieben, wenn er nicht mit letztem sich aufbäumendem Lebenswillen gerufen hätte.

„Das Ganze kehrt!"

Willig folgen die Männer dem jungen Maat in die neu einzuschlagende Richtung. Sie eilen jetzt so schnell es ihnen die Unwegsamkeit des Geländes erlaubt. Zielstrebig marschieren sie dem jenseitigen Strand zu. Von dort aus ist am Tage bei guter Sicht die Festlandküste deutlich zu erkennen.

Zwischen dem Festland und ihrer Insel Norderney aber liegt das weite, flache und doch so heimtückische Wattenmeer.

Das schmale Gleis der Feldbahn ist schon längst überschritten. Die letzte Düne wird schnaufend und keuchend erklommen. Aber noch immer ist nichts von dem fremden Rufer zu sehen. Undurchdringlich liegt die Dunkelheit zwischen ihm und den deutschen Soldaten. Jeder Schritt ist wie ein gefährlicher Tritt ins Leere, jeder Schatten, den die Augen zu sehen glauben, löst sich in nichts auf.

Jetzt knirscht das schneebedeckte Eis des Wattenmeeres unter den schweren, genagelten Militärstiefeln. Und noch immer kommt der Ruf aus der Ferne. Er scheint wie ein Echo vor ihnen zu schallen. Bedenklich knackt und kracht es allerorts unter den Männern. Ebbe und Flut lassen das Eis selten zu einer starren Masse werden.

„Wir können nicht weiter!", ruft der Marineobergefreite Ludwig Schnelle.

Sogleich bleibt die Gruppe unschlüssig stehen.

„Unsinn, das Eis hält!", entgegnet der Matrosengefreite Jan Federer wagemutig.

Er will weitergehen. Ein Kamerad aber hält ihn zurück.

„Für wen willst du eigentlich dein Leben riskieren? Es ist doch nur einer jener Burschen, die uns noch vor ein paar Minuten mit Bomben beworfen haben. Er ist an seinem Los selbst schuld!“, meint der Matrosengefreite Klaus Jensen.

„Schuld?“

Der erst 20jährige Soldat, der erst vor kurzem Vater von Zwillingen geworden ist, sieht den Sprecher groß an. Obgleich jener den Blick nicht sehen kann, fühlt er ihn.

„Er tat seine Pflicht als Soldat genau wie wir auch!“

Da lässt ihn der Matrosengefreite Jensen gewähren und stapft schweigend hinter dem Matrosengefreiten Federer hinterher.

Nach circa zehn Schritten stehen sie plötzlich vor einem hoch aufragenden Gestell. Es ist ein britischer Bomber, der sich mit der Nase tief in das Eis gewühlt hat. Starr und tot ragt sein Rumpfteil mit dem hohen Seitenruder in den schwarzen Nachthimmel. Die deutschen Soldaten leuchten mit einigen mitgebrachten Taschenlampen in das Innere des Feindbombers. Durch das Gewirr von verbogenen Stahlstreben, Aluminiumteilen und Beplankung können sie nur noch traurige Überreste entdecken, denn in seinem Innern ist leider alles Leben gestorben. Der Tod hat seinen Insassen jede Qual genommen. Die von den Deutschen vernommenen Hilferufe können daher nicht aus diesem Wrack gedrungen sein, aber woher sonst?

Die Umgebung dieser zerstörten Maschine zeigt im Schnee keinerlei Spuren eines Menschen, der sich vielleicht aus ihr gerettet haben könnte.

Da zittern stöhnende Laute vom Wattenmeer herüber. Dort, jenseits des offenen Priels, der dicht hinter dem Flugzeugwrack das Wattenmeer tückisch durchschneidet, muss ein Mensch liegen. Die Männer eilen bis zum Rande des Priels, ohne jedoch den Unglücklichen sehen zu können.

Was nun? Soll man den Menschen, der vielleicht schwer verletzt mit dem Wasser und der grimmigen Kälte kämpft, einfach seinem Schicksal überlassen? – Nein!

Wieder ist es der Maat mit dem Namen Lünneberger, der einen Rat weiß. Er legt die Hände zu einem Trichter an den Mund, wendet den Kopf in Richtung der Düne und ruft mit weitschallender Stimme: „Scheinwerfer – leuchten!"

Als hätten die Männer am Flak-Suchscheinwerfer nur auf dieses Kommando gewartet, zischt der helle Lichtstrahl zum Himmel empor, senkt sich rasch, streicht über die Winterlandschaft, dass die Gipfel der Dünen wie silbern gleißende Bergspitzen aufleuchten, und trifft schließlich die kleine Gruppe auf dem Eis, die den Kameraden nun durch Winkzeichen die Richtung weisen.

Langsam tastet sich nun der grelle Kegel weiter, bleibt einen Augenblick lang an dem einem Totenkreuz gleichenden Rumpfende der abgestürzten englischen Maschine hängen und huscht dann weiter über das in Milliarden Kristallen aufglitzernde, schneebedeckte Wattenmeer.

Plötzlich stoßen die Soldaten der deutschen Kriegsmarine einen vielstimmigen Ruf aus. Der Scheinwerferkegel ist auf ein dunkles Etwas gestoßen, an dem er jetzt hängenbleibt. Im gleichen Augenblick bewegt sich dieser dunkle Punkt, der auf der Eisdecke zu liegen scheint. Er wird größer, wankt einige Schritte vorwärts und fällt dann wieder in sich zusammen.

Es ist ein Mann aus einem der abgeschossenen Flugzeuge. Er hat sich scheinbar noch im letzten Augenblick mit einem Fallschirm retten können. Wie ein flacher Schneehügel liegt jetzt die weiße Hülle des Schirmes, unter die der Wind immer wieder fasst, neben dem anscheinend Schwerverletzten. Immer wieder wird der britische Soldat vom sich durch den Wind aufblähenden Fallschirm über das Eis geschliffen.

Da gibt es bei den Marine-Flak-Artilleristen keine Bedenken mehr. Ungeachtet der schneidenden Kälte und der lauernden Gefahr, die der offene Priel in sich birgt, waten fünf Männer durch das in der Mitte bis zu den Lenden reichende Wasser. Das eiskalte Wasser sticht wie tausend Nadeln in die Haut der deutschen Soldaten. Sie spüren, wie durch die Eiseskälte die Kraft förmlich aus ihnen heraus gespült wird. Auch müssen sie gegen die starke Strömung schwer ankämpfen.

Sie erklimmen dann die jenseitigen Eisschollen und eilen dem in Lebensnot geratenen Gegner entgegen.

Minuten später tragen sie den englischen Flugzeugführer, der mit gebrochenen Beinen hilflos auf dem steinharten Eis des Wattenmeeres liegengeblieben ist, zurück zum Bunker. Dort ist kurze Zeit später auch der Batteriearzt angekommen und nimmt sich, nachdem er bereits vorher den verwundeten deutschen Marine-Flak-Artilleristen, der beim britischen Angriff verwundet wurde, versorgt hatte, dem schwer verletzten britischen Gegner an. Die

Kameraden, die durch das eiskalte Wasser gewatet sind, haben sich schnellstmöglich ihrer nassen und angefrorenen Uniformen entledigt und sitzen nun vor den Öfen der Bunker.

Die Marinesoldaten genehmigen sich einem erwärmenden Grog, der ihnen auf Anordnung des Arztes sofort bereitet wird. Fortan dürfen sie das stolze Bewusstsein in ihrer Brust tragen, in dieser Nacht ihre Pflicht nicht nur als deutscher Soldat, sondern auch als Mensch erfüllt zu haben. Nachdem der englische Flieger notdürftig versorgt wurde, wird aus dem Marinelazarett Norderney ein Trupp angefordert, um den englischen Flieger abzuholen, so dass er weiter versorgt werden kann.

Durch die Batterie aber geht währenddessen der Ruf: „Kriegswache – Ruhe!"

Noch nie ist ein Befehl mit solcher Begeisterung ausgeführt worden wie dieser. Im Handumdrehen werden die Geschütze, die ihre Feuertaufe glänzend bestanden haben, wieder mit den schützenden, weißen Segeltuchbezügen verhüllt.

Die nun fortgesetzte Geburtstagsfeier aber wird allen Beteiligten in ständiger Erinnerung bleiben. Noch nie waren die Männer so fröhlich und ausgelassen wie in dieser Nacht. Noch nie hat ihnen ein längst kalt gewordenes Essen so prächtig geschmeckt.

Die Marine-Flak-Artilleristen der Ost-Batterie sitzen noch lange und ausgelassen zusammen. Die Landser werten den vergangenen Angriff auf ihre ganz spezielle Weise aus. Jeder der Männer hatte den Angriff anders erlebt und verschiedene Aspekte des Angriffs verinnerlicht.

Die Bunker-Kapelle spielt ein Lied nach dem anderen, die Stimmung wird immer ausgelassener, auch wenn der Alkoholkonsum von Batteriechef Kapitänleutnant Bernd Seegers auf zwei Flaschen pro Soldat begrenzt wird. Schließlich weiß man nie, was die Nacht noch an Überraschungen für sie übrig hat.

Doch nach dieser Niederlage hat das britische Bomber Command anscheinend wenig Lust, diese Nacht noch einmal vorbeizuschauen.

So vergeht die fortgesetzte Geburtstagsfeier ohne weitere Störungen durch den Feind. Die Wachen ziehen auf und werden abgelöst. Damit jeder der Landser etwas von der Feier hat, wurden auch die Wachzeiten angepasst.

Zu später Stunde beendet Batteriechef Seegers seine Geburtstagsfeier. Immerhin muss er sicherstellen, dass auch am nächsten Tag seine Mannschaft voll einsatzfähig und hellwach ist.

Am nächsten Tag geht der Dienst uneingeschränkt weiter. Der Wachablauf ist durch keinerlei Ausfälle eingeschränkt.

Der Sturm hat sich endlich gelegt.

Kapitänleutnant Bernd Seegers bestimmt eine Gruppe aus fünf Mann, um den näheren Inselbereich nach Wracks abzusuchen und eventuell Gefallene zu bergen.

Die kleine Gruppe wird von Fähnrich zur See Georg Fischer, dem Geschützführer eines 10,5 cm-Flak 38 Geschützes angeführt. Auch der Matrosenhauptgefreite Alfred Zimmermann und der Matrosengefreite Björn Claussen sind mit dabei.

Obwohl der Sturm sich gelegt hat, kommt die kleine Gruppe nur schwerlich voran. Überall sind Schneeverwehungen in denen immer wieder einer der Marine-Soldaten manchmal bis zu den Hüften versinkt.

Die Männer fluchen und keuchen vor Anstrengung. Dennoch treibt der Fähnrich zur See Fischer seine kleine Gruppe immer weiter vorwärts. Er ist vom Willen erfasst, wichtige Erkenntnisse über den gestrigen Angriff zu sammeln. Dass er noch Überlebende finden wird, glaubt er indes nicht.

Je weiter die Männer marschieren und je mehr Zeit vergeht desto missmutiger werden die Männer.

Die noch immer vorherrschende Kälte und der seeseitige Wind fressen sich langsam, aber sicher durch die feldgrauen Wehrmachtsmäntel mit den goldenen Abzeichen der Kriegsmarine. Die über die Schultern hängenden Karabiner 98k werden immer schwerer und der lederne Trageriemen schneidet sich in die Schultern.

Weiter und weiter marschiert die Gruppe in Schützenreihe.

Plötzlich bleibt der junge Fähnrich stehen und hebt seinen angewinkelten rechten Arm.

Als er merkt, dass seine Männer ebenfalls innehalten und sich etwas hinhocken, nimmt er seine MP 38 in Anschlag und beobachtet angestrengt das Vorfeld.

„Da war doch eben eine Bewegung", überlegt Fischer.

Der Matrosenhauptgefreite Zimmermann kommt gebückt zum Fähnrich gelaufen.

„Was ist denn, Herr Fähnrich?"

Fischer weist mit einem leichten Kopfnicken nach vorne.

„Schauen Sie mal drei Fingerbreit rechts neben der Düne vor uns. Mir war so, als ob ich dort Bewegungen erkannt hatte. Eigene Leute dürften hier nicht herumlaufen", flüstert Fischer zu dem Marinehauptgefreiten.

Nun schiebt dieser seinen Stahlhelm zurecht und blickt ebenfalls angestrengt in die angegebene Richtung.

Doch er kann nichts erkennen.

Die Gruppe bleibt noch einige Zeit gedeckt auf der Stelle liegen und beobachtet weiterhin das Vorfeld. Doch nichts rührt sich dort.

„Also gut, weiter", befiehlt nun Fähnrich zur See Georg Fischer.

Die Gruppe marschiert nun weiter in Schützenreihe auf die beobachtete Stelle zu.

Wieder stoppt der Fähnrich.

„Zimmermann, kommen Sie mal her und schauen Sie sich das an."

Der Offiziersanwärter zeigt auf einige merkwürdige Spuren im Schnee.

Der Angesprochene kommt wieder zum Fähnrich, während der Rest der Landser die Gegend beobachtet und sichert.

„Sieht aus, als ob hier jemand gehockt und sich versteckt hat und dort sind auch Fußspuren von mindestens zwei Personen."

Fähnrich Fischer nickt zustimmend.

„Also habe ich mich nicht geirrt und hier waren tatsächlich Menschen."

Der Marine-Offiziersanwärter winkt die übrigen drei Soldaten heran und setzt sie über die neue Lage in Kenntnis.

„Los geht's, wir marschieren weiter in Richtung Südost", befiehlt der junge Fähnrich.

Nun allerdings bewegen sie sich nicht mehr in Schützenreihe, sondern in Schützenlinie nebeneinander.

Zwischen den einzelnen Soldaten werden von Fischer 50 Meter Abstand befohlen.

So marschiert die Gruppe weiter durch den Schnee voran. Alle der deutschen Soldaten halten gespannt die Augen offen, nun da sie wissen, dass tatsächlich mindestens zwei unbekannte Personen irgendwo im Gelände verborgen sind. Leider wurden die Fußspuren bereits vom Wind verweht, so dass es für die kleine deutsche Gruppe nicht ganz klar ist, in welche Richtung sie marschieren müssen.

Doch bereits hinter der nächsten kleinen Düne sind wieder Spuren zu sehen.

„Los, weiter, Männer, sie können nicht mehr weit weg sein."

Sofort setzt sich die kleine Gruppe wieder in Bewegung.

Jeder der Männer hat seine schussbereite Waffe im Anschlag und ist bereit, sofort das Feuer auf einen möglichen Feind zu eröffnen.

Sie kommen zu einer kleinen, mit Schnee gefüllten Bodensenke. Gerade wollen sie diese umgehen, da kommt langsam und vorsichtig eine in einen braunen Overall gekleidete Person hinter einem verschneiten Felsbrocken hervor. Der Mann bewegt sich geduckt und hat beide Arme in die Luft gestreckt.

„Don't shoot!", ruft der Unbekannte auf Englisch.

Sofort reißen die fünf Deutschen ihre Waffen hoch und richten ihre Mündungen auf den Mann.

Der Mann bleibt wie angewurzelt stehen.

„Zimmermann, Claussen – den Mann durchsuchen und dann herbringen!", befiehlt Fischer selbstsicher.

Die beiden Soldaten eilen zu dem Fremden, die drei Zurückbleibenden sichern ihre Kameraden dabei.

Schnell wird der Mann, der zitternd vor Kälte vor ihnen steht, durchsucht. Sie finden eine Leuchtpistole und ein kleines Klappmesser.

Als sie den Mann, bei dem es sich augenscheinlich um einen englischen Flieger handelt, nun zu den anderen deutschen Soldaten bringen wollen, fängt er an sich zu wehren.

„No! No! No! Follow me, please!", protestiert er mit zitternder Stimme.

Die deutschen Marinesoldaten schauen sich ratlos an. Keiner der fünf Deutschen versteht oder spricht Englisch.

Nun nähert sich Fähnrich zur See Georg Fischer dem Engländer, der wohl ein Besatzungsmitglied einer der abgeschossenen Vickers Wellingtons sein muss.

Fischer stellt sich vor den Engländer und hebt seine Hände, seine Handflächen zeigen nach oben.

„Es tut mir leid, Kamerad. Wir können dich leider nicht verstehen", meint der deutsche Offiziersanwärter langsam und betont deutlich zu dem Engländer.

Dieser scheint den ratlosen Gesichtsausdruck des Deutschen richtig zu deuten.

Er setzt sich langsam und vorsichtig in Bewegung. Dabei winkt er den Deutschen zu.

„Follow me, follow me!", meint er dabei unentwegt mit noch immer zitternder Stimme.

Die deutschen Marinesoldaten folgen dem Engländer vorsichtig und die Waffen noch immer schussbereit.

Als die sechs Soldaten nun hinter dem Felsen sind, da erkennen die Deutschen nun, was der Engländer wollte.

Dort liegt ein Kamerad des Engländers und sein Zustand scheint alles andere als gut zu sein. Aber immerhin lebt er noch. Er trägt seinen rechten Arm in einer improvisierten Schlaufe und einen dicken Verband um seinen Kopf. Neben den dunkelblonden Haaren sieht man verkrustete Blutspuren an der Stirn.

Schnell heben die Deutschen den Verwundeten auf. Er ist mittlerweile so schwach, dass er sich nicht mehr alleine auf den Beinen halten kann. Fähnrich zur See Fischer und der unverwundete Engländer gehen voraus, Zimmermann und Claussen tragen den verwundeten englischen Flieger. Dafür nutzen sie den Karabiner von Zimmermann. Der Brite sitzt darauf auf.

So schnell es in der Weise geht, marschieren sie zurück zur Flak-Stellung der Batterie.

Auf halber Strecke müssen sie eine Pause einlegen. Sowohl der laufende Engländer als auch Zimmermann und Clausen sind erschöpft.

Den Rest der Strecke tragen Fähnrich Fischer und der Marinegefreite Rackowski den verwundeten Briten.

Nach einer gefühlten Ewigkeit kommen sie in der Stellung an. Schnell eilen zwei der Kameraden heran, um die beiden britischen Flieger in Empfang zu nehmen.

Kapitänleutnant Bernd Seegers nimmt die kleine Gruppe im Bunker in Empfang.

„Fähnrich Fischer, ich freue mich, Sie wohlbehalten wiederzusehen. Wir haben Sie schon vermisst. Ich gratuliere Ihnen und den Männern zu Ihrem Erfolg. Die beiden Briten werden nun erstmal hier vor Ort ärztlich versorgt, um dann nach hinten zum Lazarett gebracht zu werden. Später werden die beiden wohl ausführlich verhört werden. – Wie geht es Ihnen und Ihren Männern?"

Fähnrich zur See Georg Fischer schaut den Batteriechef erschöpft an.

„Es geht schon. Danke der Nachfrage, Herr Kapitänleutnant. Die Kälte und der teilweise tiefe Schnee haben ganz schön geschlaucht." Er lacht kurz auf und meint dann weiter: „Der verwundete Engländer war nun auch nicht ganz so leicht."

Der Marineoffizier schlägt dem Offiziersanwärter anerkennend auf seine Schulter.

„Das glaub ich Ihnen gern, Fischer. Aber ich habe mich gefreut, als ich gehört habe, dass Sie Ihre Männer handfest unterstützt hatten. Führen durch Vorbild war auch immer mein Motto. Aber nun gehen Sie erstmal in die Küchenbaracke und holen Sie sich einen heißen Tee. Ihre Männer werden wohl schon dort sein."

Bei dem in der Nacht bereits gefundenen Wrack, in dessen Nähe die Marinesoldaten den schwer verletzten englischen Flieger gefunden hatten, sind bereits Männer des Marinelazaretts Norderney und der Festungsbau-Pioniergruppe 2 dabei, die sterblichen Überreste der übrigen Besatzungsmitglieder zu bergen, damit sie aufs Festland überführt und angemessen bestattet werden können.

Die Bergung von Wrackteilen und den traurigen menschlichen Überresten dauert den ganzen Tag an. Vor allem für die Feindaufklärung ist es sehr wichtig zu wissen, welche Einheit die deutsche Küste angreifen wollte. Aus den Wrackteilen könnte man Aufschluss über den technischen Stand der Feindseite gewinnen. Daher herrscht rege Betriebsamkeit auf der länglichen Nordseeinsel.

Fähnrich zur See Georg Fischer sitzt in seinem kleinen Zimmer im Unterkunftsbunker. Als Offiziersanwärter und Geschützführer hat er glücklicherweise eine eigene Stube.

Er hat es sich auf einen kleinen Holzstuhl mehr oder weniger gemütlich gemacht und schreibt auf einem gelblichen Blatt Papier einen Brief nach Hause. Dort schreibt er natürlich auch vom gestrigen Angriff, ihren Erfolgen und dem heutigen Ereignis mit den beiden englischen Fliegern. Natürlich fragt er auch genauer nach, was mit seinem älteren Bruder ist, denn im letzten Brief hatten seine Eltern gemeint, dass sein Bruder Leopold seinem Wunsch gemäß von einem Minensuchboot zur Unterseebootswaffe versetzt wurde.

Leider hatte Georg noch keinerlei Nachrichten von seinem Bruder erhalten, so dass er nicht direkt zu ihm schreiben kann.

Auch will er ihnen mitteilen, dass sie ihm noch ein paar Wollhandschuhe und seinen Wollschal von Zuhause zusenden sollen.

Doch dazu kommt er nicht mehr.

Plötzlich schrillen die Sirenen und durch die Lautsprecher erklingt eine blecherne Stimme: „Alarm! – Kriegswache!"

Sofort lässt Fischer seinen Füllfederhalter fallen. Dieser kullert nun achtlos über das Blatt und fällt vom kleinen Holztisch.

Der Marine-Offiziersanwärter springt auf, angelt dabei nach seiner Uniformbluse und zieht sie sich über. Mit wenigen Schritten ist er an seinen kleinen Spind. Mit geübten und sicheren Griffen schnappt er sich seinen feldgrauen Wehrmachtsmantel mit den goldenen Marineabzeichen und den grau lackierten Stahlhelm Modell M 35. Noch im Laufen zieht er sich den Mantel über und stülpt sich den Stahlhelm auf. Im ganzen Bunker sind die Tritte der genagelten Marschstiefel zu hören, wie sie über den grauen Betonboden laufen.

Fischer schwingt sich eine Metalltreppe hinauf und öffnet die massive Stahltür, um ins Freie zu treten.

Dort ist die Wachmannschaft bereits dabei sein Geschütz gefechtsbereit zu machen.

Die Tarnlaken werden heruntergerissen und die Optiken klar gemacht. Schon sitzen die Richtschützen auf ihren Plätzen, die Ladekanoniere halten bereits die Granaten bereit, um sie in den geöffneten Verschluss hineinzuschieben.

Neben dem Geschütz stehen die geöffneten Munitionskisten mit den 10,5 cm-Granaten.

„Geschütz klar zum Gefecht, Herr Fähnrich!", meldet der Matrosenhauptgefreite Alfred Zimmermann.

„Sehr gut, weitermachen, Zimmermann."

„Mehrere viele unbekannte Ziele 15 Kilometer nordwestlich der Insel! – Ziele drehen langsam nach Süden auf die Insel ein!", meldet der Haupt-Befehlsübermittler.

Die Meldung wird an alle wichtigen Stellungen weitergeleitet.

„Na, da bin ich aber mal gespannt! Das wäre ja mal ein dicker Hund, wenn die Brüder zwei Nächte hintereinander angreifen!", meint der Batterie-Kommandeur beinahe mehr zu sich selbst als zu dem neben ihm stehenden Flakoffizier Leutnant zur See Johannes Vogt und zupft seinen feldgrauen Marinemantel zurecht, denn irgendwie hat er den Eindruck, dass er ihm heute besonders unangenehm zu sitzen scheint.

„Die Tommies wollen es anscheinend wirklich wissen", erwidert Vogt erfreut, nachdem er ja ihre letzte Wette gewonnen hatte.

Den Marine-Flak-Artilleristen, die gefechtsklar, hoch motiviert und erwartungsvoll an den Geschützen stehen, sitzen und hocken, steht die Entschlossenheit in den von der Kälte bereits geröteten Gesichtern. Sie haben vor, sich dem Feind wieder so erfolgreich wie letzte Nacht zu stellen und ihn für seine Dreistigkeit, wieder ihre Stellungen anzufliegen teuer bezahlen zu lassen. Dass der Feind noch kurz vorher auf einen entgegen gesetzten Kurs geht und kurz vor ihnen abdrehen wird, ist natürlich wahrscheinlich, aber dies haben die Marinesoldaten buchstäblich aus ihren Gedanken verbannt. Er wird jetzt vielleicht versuchen, ihre Stellungen zu bekämpfen, während andere Verbände versuchen zur Festlandküste durchzubrechen und sich dort irgendwo Ziele zu suchen. Leutnant zur See Johannes

Vogt aber hat diesmal keine Lust, sich auf eine Wette gegen ihren Batteriechef Kapitänleutnant Bernd Seegers einzulassen. Dieser lässt durch den Fernsprecher über dem Haupt-BÜ dem Gruppenkommandeur Korvettenkapitän M.A. Treichel die Batterie gefechtsklar melden und wartet dann der Dinge, die sich da anbahnen.

Wieder sind die Marine-Flak-Soldaten bereit, ihre hinter ihnen lebenden Liebsten unter Einsatz aller Mittel zu schützen und zu verteidigen – im Glauben an die Gerechtigkeit ihrer Sache.

In der Gefechtszentrale fiebern die Marinesoldaten wieder einmal jeder eingehenden Nachricht entgegen und verfolgen somit die Ereignisse, die sich ankündigen. Alle in der Nähe der Funker stehenden horchen gespannt mit mindestens einem Ohr, was der Mann an der Haupt-Batterieleitung von sich gibt, denn an dessen Ohr dringen die eingehenden Meldungen über die Feindbewegungen zuerst. Er wiederholt sie wie immer laut und deutlich, während sein Bleistift über das linierte Blatt vor ihm fliegt und eifrig Zeile um Zeile einer neuen Seite des Kriegstagebuches seiner Batterie der Marine-Flak-Abteilung 226 füllt. In dieses Kriegstagebuch müssen sämtliche Meldungen eingetragen werden, um später den Verlauf der einzelnen Gefechte genau nachvollziehen zu können.

„Mehrere unbekannte Ziele weiterhin aus nordwestlicher Richtung mit Kurs auf die Insel! Entfernung zwölf Kilometer und weiterhin abnehmend – Einzelne Ziele nehmen Kurs Süd", lauten die Meldungen, die so schnell wie möglich an den Batteriekommandeur Kapitänleutnant Seegers wie auch an die Geschütze und Geräte weitergegeben werden.

Seegers gibt schnelle und präzise Befehle an seine Geschütze. Die Geschützführer wiederum instruieren ihre Bedienmannschaften.

Mit hundertfach geübten Handgriffen werden die schweren 10,5 cm Geschütze in die Richtung gedreht, aus der die feindlichen Flugzeuge anfliegen. Die Richtschützen drehen dabei wie wild an ihren Richträdern, um die Geschütze auszurichten.

Die Spannung im Batterieleitstand steigt.

Auch Seegers ist angespannt, aber er versteht es nach außen eine unerschütterliche Ruhe auszustrahlen.

„Ob die Briten wohl den geteilten Kurs beibehalten? Was hat es wohl damit auf sich? Wollen sie zwei unterschiedliche Ziele angreifen oder wollen sie uns in die Zange nehmen?", überlegt Seegers, während er angespannt immer wieder durch sein schweres Zeiss-Nachtglas in den dunklen, sternenklaren Nachthimmel starrt.

Auch der Flak-Offizier Leutnant zur See Johannes Vogt beobachtet den Himmel in der Richtung, aus der die Feindflugzeuge kommen müssten. Noch ist jedoch nichts zu hören und schon gar nichts zu sehen.

Die Marinesoldaten stehen mit eingezogenen Köpfen und in den Mänteln vergrabenen Händen an den Geschützen. Sie trampeln mit den Füßen von einem Bein auf das andere, um sich warm zu halten.

Beim Ein- und Ausatmen bilden sich immer wieder kleine, weiße Atemwolken vor den Mündern der Landser.

Auch bei Seegers und Vogt frisst sich die Kälte langsam durch die Mäntel, Uniformjacken und Uniformhosen. Auch durch die genagelten, schwarzen

Marschstiefel kriecht die Kälte und das trotz der dicken Wollsocken.

„*FlaGruKo* Batterie *Dovetief* meldet feindliche Flugzeuge 10 Kilometer Nordwest und Westnordwest der Insel! Alle Batterien – Feuererlaubnis!“

Seegers gibt nun wieder die entsprechenden Befehle. Vom Batterieleitstand sieht er schemenhaft, wie seine Befehle unverzüglich ausgeführt werden.

Nun folgen einige Augenblicke des angespannten Wartens.

„Erste Feindflugzeuggruppe hat Nordkante der Insel erreicht! – Kurs Süd“, erklingt erneut die Stimme des Befehlsübermittlers. „Zweite Feindgruppe hält weiterhin Kurs Westsüdwest.“

Eine beinah sehbare Erregung bemächtigt sich wieder einmal den Batteriebesatzungen. Diese Erregung wird sich erst allmählich legen, wenn der erste Schuss abgegeben wurde.

„Der Tommy kommt wirklich wieder und das die zweite Nacht hintereinander! Vorher war monatelang nichts wirklich von ihm zu sehen“, schießt es nun auch dem Matrosengefreiten Claussen durch den Kopf, während er zum wiederholten Mal die hinter im griffbereit liegenden Granaten überprüft. „Es ist schon kaum zu fassen!“

Wieder ist bereits das Motorengeräusch von der Ferne hörbar, welches den Feind ankündigt und es kommt schnell näher und näher.

Dem erfahrenen Flakoffizier Vogt fällt bei dem näherkommenden Klang sofort auf, dass es diesmal bedeutend mehr Flugzeuge sein müssen und dass der Klang ein anderer ist. Jedoch kann er nicht sagen, um welche Motoren und um welchen Flugzeugtyp es sich handelt.

„Sind aber um einiges mehr Maschinen als gestern", meint nun auch Seegers beinahe beiläufig.

Schon zischt wieder der erste Scheinwerferstrahl mit grellem, weißblauem Licht zum nachtschwarzen, sternenklaren Himmel hinauf. Er tastet einen bestimmten Bereich des Himmels ab und versucht eines der heran fliegenden Feindflugzeuge zu erfassen. Kurz darauf leuchten ein zweiter und ein dritter Scheinwerfer blitzend auf. Wieder tasten die Fühler des Rieseninsekts suchend am Himmelszelt entlang. Hin und her schwenkend zerteilen sie den nächtlichen, wolkenlosen Himmel. Sie stoßen auf keinerlei Wolkenfetzen in denen sich die feindlichen englischen Bombenflugzeuge verbergen könnten, um sich ungesehen an die deutsche Küste heranzupirschen. Derweil brummt die Vielzahl der starken Bomber-Motoren immer deutlicher an die deutsche Insel in der Nordsee heran.

Doch die deutschen Marine-Flak-Soldaten müssen sich noch gedulden. Noch sind keine Feindmaschinen erfasst oder in Reichweite der schweren 8,8 cm Flak 36 und der 10,5 cm Flak 38.

Die Anspannung unter den Landsern wächst mit jeder Minute und steigert sich beinahe ins Unermessliche.

Wenige Augenblicke später leuchtet es plötzlich im letzten Teil eines Scheinwerferstrahls auf.

Eine feindliche Maschine ist von dem grellen Lichtfinger eingefangen. Trotz der schwarzen Lackierung glitzert sie durch die reflektierenden Scheiben im Bug und der Flugzeugführerkabine gut sichtbar auf. Dadurch ist sie selbst noch von der am weitesten entfernten Batterie auf den ostfriesischen Inseln gut zu erkennen.

Anscheinend versucht der erschreckte und geblendete englische Flugzeugführer, dem gleißenden Lichtkegel durch leichte Ausweichbewegungen zu entgehen, doch macht er bei weitem keine so aggressiven Ausweichbewegungen wie die Wellingtons beim gestrigen Angriff.

Seegers und Vogt schauen durch ihre starken Nachtgläser. Beinahe gleichzeitig rufen sie überrascht aus: „Blenheims!"

Hinter dem ersten der leichten Bomber folgt noch eine Vielzahl anderer. Sie streben tief gestaffelt einem den deutschen Marinesoldaten unbekannten Ziel zu.

Die großen 150 cm Flak-Scheinwerfer 34 haben nun keine Schwierigkeiten, sich einen der Bomber als Ziel herauszusuchen und zu erfassen. Zwar versuchen die Bomber durch Änderung der Flughöhe und ihrer Geschwindigkeit zu entkommen, aber da sie in dichter Formation angreifen, sind starke Ausweichbewegungen nicht möglich.

Schon in der nächsten Sekunde blitzt es bei der Nordbatterie feuerrot auf. Die erste Salve für die Marine-Flak-Abteilung 226 in dieser Abwehrschlacht verlässt mit donnernden, ohrenbetäubenden Schlägen die Geschützrohre der schweren 8,8 cm Flak 36. Mit einer Mündungsgeschwindigkeit von 820 Metern pro Sekunde rauschen die ersten Sprenggranaten nun auf die feindlichen Bomber zu. Die Geschützführer schauen gespannt auf die zu erwartenden Explosionen, um zu sehen, wie die ersten Schüsse liegen und ob Korrekturen bei Höhe oder Richtung gemacht werden müssen. Die Ladekanoniere haben jedoch bereits alle Hände voll zu tun. Die leere Granathülse fliegt aus dem Geschütz heraus und schon hat der Ladekanonier 1 eine neue Granate im Anschlag und schiebt sie in den noch rauchenden Verschluss hinein. Die anderen Ladeschützen halten bereits neue 8,8 cm Granaten bereit, um eine möglichst hohe Schussfolge zu erzielen.

Nach wenigen Sekunden platzen die ersten Granaten feurig-rot-orange mit knallenden Explosionen in der Nähe des angestrahlten Bombers vom Typ Bristol Blenheim auseinander. Schon diese erste Salve liegt sehr gut rund um den Feindbomber. Eine Vielzahl von Sprengstücken muss in die Maschine des Engländers eingeschlagen sein. Sie sind dicht um ihn herum zerplatzt. Der Bomberpulk ändert wiederum die Höhe und Geschwindigkeit. Die Männer am Boden können eine Veränderung der Motorengeräusche der Bristol Mercury MK XV vernehmen.

Schnell werden kleine Korrekturen zu den Geschützführern hinunter gegeben und die Geschütze entsprechend eingestellt.

Wieder blitzt es an der Mündung der Geschütze und es zuckt eine zweite Salve mit einem blendenden Feuerstrahl auf und jagt auf den Gegner zu.

Grollend tönen die Abschüsse der 8,8 cm Geschütze über die Insel. Die Männer in der Ostbatterie *Fischerhafen* sind noch zum Warten verdammt und halten den Atem an. Ihnen bleibt nichts anderes übrig, als aufgeregt mit ihren Kameraden mitzufiebern.

Die große Frage ist, ob die jetzt zum Gegner am wolkenlosen Himmel jagenden Granaten die englischen Feindmaschinen aus deren luftigen Höhe herunterschießen?

Erneut platzen die Granaten und die rot-gelben Sprengwolken blitzen auf. Zwei von ihnen liegen nochmals in unmittelbarer Nähe der britischen Flugzeuge, die genau in diesem Augenblick wieder in den Geradeausflug wechseln. Diese Maßnahme führt für eine der Maschinen ins sichere Verderben durch den neuerlichen Eisenhagel der krepierenden 8,8 cm Granaten. Eine der Blenheims wird von einer Granate voll getroffen und wird regelrecht von der Granate zerrissen. Es gibt einen Blitz, der die Augen der Männer blendet, die gerade in diesem Moment in den Himmel starren. Sekunden später regnen glühende und brennende Trümmerteile zur Erde. Keines der drei Besatzungsmitglieder hatte noch die Chance, die getroffene Maschine zu verlassen. Die unmittelbar daneben und darunter fliegenden Maschinen werden ebenfalls von Wrackteilen der zerrissenen Blenheim getroffen, aber anscheinend nicht ernsthaft beschädigt, denn sie fliegen unbeirrt weiter. Dennoch ertönt sowohl in der Nordbatterie als auch bei den Männern der Ostbatterie lautstarker Jubel. Noch während der Jubelorgie werden die nächsten Granaten in die noch rauchenden Verschlüsse der Flak geschoben und die Granaten verlassen wieder mit einem lauten Abschussknall die Rohre.

Die Abschusskadenz steigert sich nun immer mehr. Die Richtschützen achten trotz des Lärms der schweren Geschütze peinlichst auf die Kommandos der Geschützführer und richten die Flak danach aus. Die Ladeschützen schleppen immer wieder neue Granaten heran. Trotz der rund um ihnen herrschenden Kälte beginnen die Marine-Flak-Artilleristen zu schwitzen.

An der Ostbatterie sind die Männer an den Entfernungsmessern die einzigen, die bereits fieberhaft und aufgeregt arbeiten. Sie haben die Ziele bereits seit dem Augenblick in ihrem Gerät festgehalten, als sie von den Flak-Suchscheinwerfern erfasst wurden.

Fortwährend messen sie nun die Entfernungen mit den schweren, von der Firma Carl Zeiss aus Jena fabrizierten, sehr genauen, aber auch unheimlich empfindlichen Stereoskopen. In regelmäßigen Abständen lesen sie die gelieferten Werte ab und rufen sie sofort Kapitänleutnant Bernd Seegers zu, der wieder im Turmluk eines Bunkers steht, dadurch recht gut geschützt ist und mit seinem Nachtglas unentwegt die Bewegungen der britischen Bomber und die Schusstaktik der bereits im Kampf stehenden deutschen Batterien verfolgt.

Der nächtliche Himmel ist nun erfüllt vom Zerplatzen der Granaten und dem Brummen der schweren Bristol Mercury MK XV 9-Zylinder Sternmotoren der leichten Bristol Blenheim MK IV Bomber.

Immer wieder ertönen nach kurzen Pausen Entfernungsangaben vom Messgerät her durch den Leitstand. Ruhig und gelassen nimmt der Batteriechef die Angaben zur Kenntnis.

Wieder richten sich die erwartungsvollen Augen in totalem Vertrauen auf den Batteriechef Kapitänleutnant Bernd Seegers. Aber er ist erneut ein Abbild eiserner Ruhe und Gelassenheit. Genauso wie in der vergangenen Nacht. Ein Fels in der Brandung aus Erwartungen und Eifer.

Er steht weiterhin unbeweglich auf seinem Platz am Bunker des Leitstandes. Nur hin und wieder nimmt er sein schweres Nachtglas von den müden

Augen, wirft einen Blick über seine Batterie, die gefechtsklar wartet und bereit ist dem Gegner ordentlich zuzusetzen. Die Insel ist wieder zu einem feuerspeienden Vulkan geworden. Überall zischt und knallt es feurig auf.

Nur die leichten Flak-Batterien der Kaliber 2 cm und 3,7 cm sind zum Schweigen verurteilt. Die Bomber fliegen aus einer Höhe von 8.000 Meter an und die leichte 2 cm Flak 30 hat eine maximale Schusshöhe von 3.800 Meter, während die 3,7 cm Flak 36 auf der Insel maximal 4.800 Meter hoch feuern kann. Dementsprechend sind die Feindbomber weit aus ihrer Reichweite.

Plötzlich lässt sich die klare, befehlsgewohnte Stimme Seegers selbst durch den Gefechtslärm laut und deutlich vernehmen: „Frage – Entfernung?"

„Siebenundzwanzighundert!", kommt es augenblicklich vom Haupt-BÜ als knappe Antwort zurück.

„Siebenundzwanzighundert!", kommandiert Kapitänleutnant Seegers nun.

An allen Geschützen der Batterie wird die Zahl wiederholt. Weitere knappe Kommandos über die Seiten- und Höhenvorhalte werden gegeben. Die Richtschützen arbeiten in aller Eile, um die tonnenschweren Geschütze in die richtige Ausgangslage zu bekommen. Jeden Moment muss der ersehnte Augenblick des Feuerbefehls durch den Batteriechef erfolgen.

Die Sekunden vergehen in fieberhafter Erwartung auf den erlösenden Augenblick. Die Zeit vergeht wieder in unendlicher Länge. Dann endlich kommt das herbeigesehnte Kommando vom Kapitänleutnant.

„Eine Salve!", durchschneidet seine glasklare Stimme, die keine Spur von Anspannung verrät.

Im scheinbaren Durcheinander der sich überschneidenden Befehle der Geschützführer arbeiten die Bedienmannschaften in einer blinden Sicherheit.

Die metallenen Bodenverschlüsse der Flugabwehrgeschütze werden mit lautem, metallischem Krachen geschlossen. Die Granaten ruhen noch für Augenblicke in den Rohren.

Plötzlich brüllt es beinahe gleichzeitig aus allen Rohren der Batterie auf. Nur eine minimale Zeitspanne liegt zwischen den krachenden Abschüssen der schweren Geschütze.

Die gesamte Batterie wird für einige Sekunden in eine gespenstische rot-orange-gelbe Feuerwolke getaucht. In dieser gespenstischen Umgebung arbeiten die Bedienmannschaften in der verschneiten Landschaft, die ihnen gleich in einem gefährlichen roten Feuerschein getaucht ist. Der weiße Schnee verstärkt diesen Anschein nochmals, da er den Feuerschein reflektiert.

Die ersten Sprenggranaten dieser Abwehrschlacht haben die langen Geschützrohre der schweren 10,5 cm Flak der Ostbatterie *Fischerhafen* verlassen. Die Männer an den Flugabwehrgeschützen merken, wie die Anspannung der letzten Zeit von ihnen abfällt, nun da sie sich endlich ihrer Haut mit aller Konsequenz erwehren können. Wieder brandet ein donnerndes „Hurra" über die Batterie und begleitet die ersten Granaten dieses Gefechts zum anfliegenden Gegner hinauf.

Nur Sekunden später detonieren die abgefeuerten Granaten kurz vor dem anfliegenden englischen Pulk. Mit sehr hoher Wahrscheinlichkeit werden die

Führungsmaschinen mit den glühenden Stahlsplittern der krepierenden Granaten überschüttet. Dennoch fliegen die Blenheims durch die noch immer am sternenklaren Himmel stehenden Sprengwölkchen.

Kurze Korrekturen werden an die Geschützführer durchgegeben und die Geschütze neu ausgerichtet.

Nun knallt und donnert es in einer ununterbrochenen Abfolge von Abschüssen aus den Rohren aller schweren Geschütze der Ostbatterie. Das peitschende Detonieren der großen 10,5 cm Granaten mischt sich in das Aufbrüllen der 8,8 cm Geschütze der anderen Batterien. Auch diese feuern ohne Unterlass Salve auf Salve in die in mehreren tief gestaffelten Pulks anfliegenden Engländer.

„Los, los, weiter!", feuert Fähnrich zur See Georg Fischer seine Männer an. Immer wieder ruft er den Richtschützen an den Seiten- und Höhenrichtgeräten kleine Korrekturen zu.

Die Richtkanoniere kurbeln die Geschütze von Hand, bis die Werte stimmen. Der Matrosenhauptgefreite Alfred Zimmermann kurbelt an seiner Richtmaschine, als ob sein Leben davon abhängen würde.

Die bereitgehaltenen Granaten werden mittels Zündstellgerät scharf eingestellt. Danach schiebt der Matrosengefreite Björn Claussen die Granate in den Verschluss, aus dem der Granatqualm des vorherigen Abschusses hinaus kräuselt.

Kaum ist die Granate im Geschütz, da wird sie auch schon abgefeuert.

Über all dem Getöse und der immer stärker werdenden Rauchentwicklung steht der Batteriechef Kapitänleutnant Bernd Seegers.

Dabei lässt er sich weder durch das um ihn herum tobende Konzert der schweren Flugabwehrgeschütze ablenken noch durch die anscheinend willkürlich durcheinander gerufenen Kommandos, Befehle und aktuellsten Meldungen aus der Leitzentrale aus seiner eisernen Ruhe bringen. Seegers wirkt in diesem Augenblick wieder einmal, als könnte ihn nichts auf der Welt erschüttern, egal was auf ihn zukommt. Er hat in seinem ganzen Soldatenleben anscheinend noch nie etwas anderes gemacht. Jedenfalls kommt es seinen Männern im schlimmsten Schlamassel immer wieder so vor.

Er geht in seiner Tätigkeit als Batteriechef dieser Marine-Flak-Batterie und diese in den Gefechten zu führen voll und ganz auf.

Die heran fliegenden Feindbomber im Licht der vielen Scheinwerfer dort oben sind trotz ihrer schwarzen Tarnung an ihrer Unterseite gut sichtbar. Sie leuchten hell auf.

Er blickt mit seinem schweren Nachtglas ruhig zu den englischen Bombern hinauf und gibt dabei in seiner bewundernswerten Ruhe und Gelassenheit seine knappen und klaren Befehle.

Egal wie viele Maschinen noch anfliegen, seine Stimme bleibt immer in gleicher Stimmlage und verrät nichts von seiner inneren Unruhe, denn die ersten Bomber werden bald genau über seiner Batterie sein. Dann wird sich zeigen, ob vielleicht die Ostbatterie das Ziel der Bomber sein könnte.

Diese von ihm ausgehende eiserne Ruhe des Batteriechefs beeindruckt seine Männer im Flak-Leitstand und an den 10,5 cm-Geschützen in einer Art und Weise, dass sie selbst von dieser Ruhe und Entschlossenheit erfasst werden. Diese Ruhe und Entschlossenheit befähigt sie zu einem Leistungsvermögen, das die Geschützbedienung zu wahrer Höchstleistung befähigt.

Schuss auf Schuss peitscht dem Feind entgegen.

Die Männer in den schweren feldgrauen Mänteln laden die Geschütze neu, rollen die leer geschossenen Messinghülsen beiseite, schleppen neue Granaten heran, räumen leere Granatenkisten weg und zerren volle zu den Geschützen.

Die Geschützführer brüllen ihre Befehle aus den Leitständen durch den Gefechtslärm zu den Richtkanonieren. Diese kurbeln an den Stellmaschinen und richten die Geschütze neu aus. Der Schweiß läuft den Landsern über die Körper und die Marinesoldaten keuchen vor Anstrengung und auch dem Willen zur Höchstleistung.

Sie wissen alle ganz genau, dass jeder abgeschossene oder auch durch Beschädigung zum Notwurf genötigte Bomber keine Gefahr mehr für sie oder auch für die Liebsten in der Heimat bedeutet.

Augenblicke später sieht es aus, als ob ein zweiter Mond oder eine kleine Sonne am Himmel aufleuchtet. Eine der Feindmaschinen zerplatzt förmlich unter dem Einschlag einer der 15,1 kg schweren Sprenggranaten.

Wieder rieseln Trümmer des Flugzeugwracks zur Erde, wieder gibt es anscheinend keine Überlebenden der Flugzeugbesatzung. Wieder erschallt Jubel unter der Flak-Bedienung. Dennoch unterbrechen sie ihre schweißtreibende Arbeit nicht, sondern wuchten ununterbrochen neue Granaten in den Verschluss des Geschützes kurz nachdem die leere Messinghülse hinausgeschleudert wurde. Die noch heiße Hülse kullert zischend in den kalten Schnee.

Schon rummst es wieder und eine neue Granate jagt zum Himmel hinauf.

Erneut blitzt es am sternenklaren Himmel auf. Einem der Blenheim Bomber wird die komplette rechte Tragfläche abgerissen. Die Maschine beginnt zu trudeln. Die abgerissene Tragfläche fällt wie ein welkes Blatt zur Erde und wird wohl irgendwo in den Dünen aufschlagen.

Die getroffene, sich wild überschlagene Feindmaschine verliert schnell an Höhe. Beinahe ist sie durch den Bomber-Pulk hindurch, da kollidiert sie doch noch mit einer zweiten Feindmaschine. Trotz der krepierenden Granaten und dem Motorenlärm der vielen 9-Zylinder-Sternmotoren können die Flak-Bedienungen auf der Erde das Knirschen und Bersten des Flugzeugaluminiums hören.

Die beiden 6,5 Tonnen schweren Bomber verkeilen sich unlösbar ineinander und stürzen zu Boden. Auch diese beiden Wracks werden wohl irgendwo in der Dünenlandschaft Norderneys aufschlagen und einen tiefen, schwarzen Krater verursachen.

Die großen 150 cm Flak-Suchscheinwerfer finden immer wieder neue Ziele.

Plötzlich dringt ein neues Geräusch an die Ohren der Marine-Flak-Artilleristen.

Ein merkwürdiges Rauschen und Pfeifen durchdringt die durch Bersten und Knallen erbaute Geräuschkulisse.

Kapitänleutnant Bernd Seegers sieht durch sein Nachtglas, um die Ursache für dieses ungewöhnliche Geräusch zu finden.

Am Rumpfboden der Bristol Blenheim hatten sich die Bombenschächte geöffnet und es torkeln kleine schwarze Körper hinaus. Nachdem sie eine stabile

Fallbahn erreicht haben, fallen sie beinahe senkrecht zu Boden.

Genau unter ihnen jedoch stehen die schweren 8,8 cm Geschütze der Nordbatterie.

Immer durchdringender wird das Pfeifen.

Einige Augenblicke später hören die Marinesoldaten eine lange Reihe von Detonationen. Dort wo die Nordbatterie steht, erkennen die Landser nun einen andersartigen Feuerschein. Sofort wird das dortige Geschützfeuer weniger und verstummt kurz darauf ganz.

Seegers erkennt durch sein Nachtglas weitere Details des Bombardements. Scheinbar wurde ein Geschütz voll getroffen und auch ein Munitionsstapel muss erwischt worden sein, denn es schießt eine meterhohe Flammensäule in den Nachthimmel. Kurz darauf brennt es dort lichterloh.

„Verfluchte Schweinerei!", presst Kapitänleutnant Seegers zwischen seinen Zähnen hervor.

Leutnant Vogt, der gerade die aktuellen Schusswerte an die Geschützführer weitergibt, schaut ihn verwundert an.

„Was ist los, Herr Kapitänleutnant?", fragt er verwundert.

Durch seine Tätigkeit voll eingespannt, hat er das schauerliche Ereignis in der Nordbatterie *Busetief* nicht ganz mitbekommen.

Seegers packt ihn an seiner Schulter und dreht ihn in die entsprechende Richtung.

Nun nimmt auch Leutnant zur See Johannes Vogt wieder sein schweres Zeiss-Nachtglas an die Augen und sieht daraufhin detaillierter die Vorgänge in der Nachbarbatterie.

Die beiden Offiziere können sich lebhaft vorstellen, was gerade in der Nordbatterie geschieht.

Doch haben sie keine Zeit sich lange damit aufzuhalten, denn schon kommen neue Meldungen aus dem Leitstand, die schnell zu den Geschützen und den Suchscheinwerfern weitergeleitet werden müssen.

Plötzlich kommt der Befehlsübermittler Bootsmann Lasse Jürgensen nach oben und übergibt Kapitänleutnant Seegers einen Zettel, um sofort wieder zu verschwinden.

Seegers liest den Zettel. Vogt sieht ihn fragend an.

„Von Korvettenkapitän Treichel. Nordbatterie vorerst außer Gefecht gesetzt – schwere personelle Verluste", gibt er kurz und bündig an den Flakoffizier weiter.

Mittlerweile ist die feindliche Bomberspitze auch gleich über der Ostbatterie. Die Geschütze sind in höchstmögliche Erhöhung gestellt, um die Bomber weiterhin unter Feuer nehmen zu können. Wieder wird eine der Bristol Blenheims getroffen. Der Bomber zeigt an seinem linken Motor eine schwarze Rauchfahne und schert aus dem Verband aus. Der Fähnrich zur See Georg Fischer kann beobachten, wie die linke Tragfläche immer mehr von den sich ausbreitenden Flammen der brennenden Bristol Mercury MK XV erfasst wird. Die getroffene und nun immer mehr von Flammen erfasste Maschine verliert mehr und mehr an Höhe. Doch bevor sie über die Nordsee gelangt, lösen sich zwei Gestalten vom Flugzeug und torkeln in die Tiefe. Kurz darauf hängen zwei weiße Glocken am sternenklaren Nachthimmel und pendeln zur Erde.

Plötzlich stellt sich die brennende Maschine steil auf den Kopf und stürzt mit höher werdender Geschwindigkeit herab. Mit dumpfem Knall schlägt sie auf und explodiert in einem wahren Flammenmeer.

Doch trotz dieses Erfolges fliegen die übrigen britischen Bombenflugzeuge unbeirrt weiter.

Aber auch die deutschen Artilleristen feuern unentwegt weiter auf die Feindflugzeuge.

Die Nordbatterie *Busetief* schweigt jedoch noch immer. Auch vom Leitstand *Dovetief* kommt zurzeit ebenfalls keinerlei Meldung.

Seegers blickt mit seinem Nachtglas zu den englischen Bombern hoch. Er hat eine besorgniserregende Vorahnung.

Diese bestätigt sich in den nächsten Sekunden, denn bei den Bombern am Spitzenpulk öffnen sich nun die Klappen der Bombenschächte.

„Weg von den Geschützen! Weg von den Geschützen! Macht euch rein in die Bunker!", schreit Seegers aus Leibeskräften. „Ab in die Bunker, verdammt nochmal!"

Nach einem kurzen Moment der Verwunderung lassen die Bedienmannschaften alles stehen und liegen. Es wird jedoch ein Wettlauf mit dem Tod.

Schon fallen die todbringenden Sprengkörper aus den Rümpfen der Bristol Blenheim. Jedes der leichten englischen Bombenflugzeuge hat bis zu 544 Kilogramm an Abwurflast in internen und externen Waffenträgern.

Die Bedienmannschaften schaffen es tatsächlich in die schützenden Bunker der Flakstände.

Die schweren Stahltüren werden zugeschützt und auch Kapitänleutnant zur See Bernd Seegers verschwindet in das Innere des Leitstandsbunkers.

Ebenso wie Leutnant zur See Johannes Vogt, der neben dem Batteriechef verweilt.

Die letzten Männer der Bedienmannschaften schaffen es gerade noch rechtzeitig in das Innere der Betonbunker.

Augenblicke später detonieren die ersten Sprengbomben auf den Betondecken der Bunker, den Betonflächen auf denen die Flugabwehrgeschütze stehen und dem gefrorenen Erdreich neben den Stellungen.

Die Erschütterungen im Inneren der Bunker sind so gewaltig, dass das grelle Bunkerlicht zu flackern beginnt und auch Putz und Farbsplitter von den Wänden und der Bunkerdecke rieseln.

Einige der Marinesoldaten beginnen unwillkürlich zu schreien, andere beginnen zu beten. Wieder andere sitzen stumm in einer Ecke der Bunker und lassen das Bombardement scheinbar gelassen über sich ergehen, doch niemand der Kameraden weiß, wie es tatsächlich in ihnen aussieht, dass sie innerlich ebenfalls durch die Hölle gehen. Noch keiner der hier wartenden, zitternden und betenden Marine-Flak-Artilleristen hatte schon jemals ein Bombardement erlebt. Es ist für jeden von ihnen ein neues Erlebnis – ein Erlebnis, auf das sie gut und gerne hätten verzichten können.

Die Bombardierung durch die britischen Flugzeuge dauert nur wenige Minuten an, doch es kommt den Landsern vor wie eine Ewigkeit. Das schlimmste neben dem Gefühl regelrecht in dieser Betonfestung eingesperrt zu sein, ist die plötzliche Erkenntnis, dass sie nun dem Feind wehrlos ausgeliefert sind. Sie müssen den Angriff über sich ergehen lassen, ohne dem Feind entgegentreten zu können – ohne ihn angreifen zu können.

Nach mehreren Minuten, die den Soldaten wie Stunden vorkommen, ebbt der Lärm der detonierenden Bomben endlich ab.

„Es ist vorbei, endlich", meint Fähnrich zur See Georg Fischer aufstöhnend. Er steht auf und klopft sich den Staub von der Uniform. Er rückt sich seinen Stahlhelm zurecht und meint: „So, meine Herren, ich riskiere einen Blick nach draußen und dann geht es sofort wieder an die Geschütze!"

Murrend erheben sich die übrigen Landser der Geschützbedienung des Fähnrichs.

Fischer läuft zur Stahltür und öffnet sie vorsichtig.

Er blickt hinaus und ist überrascht, dass sein Geschütz noch unversehrt an seinem Platz steht.

„Los, los, los! Ran an unser gutes Stück. Wir wollen den verdammten Tommies ein paar nette Grüße hinterher schicken!"

Fischer tritt hinaus, seine Männer folgen ihm. Unverzüglich nehmen sie wieder ihre Positionen am Geschütz ein.

Über den Rand der Geschützplattform blickend erkennt der Marine-Offiziersanwärter, dass die englischen Bomber anscheinend ihr Ziel, die Flak-Batterie, verfehlt haben. Denn die Batterie hat keinen ernsthaften Schaden davon getragen.

Aus dem Leitstand kommt bereits die Frage nach der Gefechtsbereitschaft.

Fähnrich Fischer beeilt sich, dem Kapitänleutnant die Klarmeldung so schnell wie möglich durchgeben zu können.

In diesem Augenblick durchströmt Kapitänleutnant Bernd Seegers ein tiefes Gefühl der Anerkennung für seine Männer. Gerade eben noch hockten sie im Bunker und mussten Todesängste ausstehen und schon wenige Augenblicke später sind sie wieder bereit, dem Feind mit Waffengewalt entgegenzutreten.

Leutnant zur See Johannes Vogt ist bei den Männern an den Geschützen und sorgt zusammen mit den Bedienungsmannschaften für eine zügige Gefechtsbereitschaft.

Glücklicherweise funktioniert die Befehlsübermittlung noch und schon bekommt der Flak-Leitstand die ersten Richtwerte für die abfliegenden Feindbomber.

Die Männer merken überhaupt nicht, dass nun endlich auch die Nordbatterie *Busetief* wieder feuert, jedoch nicht mit voller Stärke.

Was die Bedienmannschaft der Ostbatterie *Fischerhafen* auch nicht bemerkt, sind die Leuchtbomben, die auf dem Gelände der beiden Batterien verteilt wurden. Auch die abgeworfenen Brandbomben erregen keine größere Aufmerksamkeit. Beides wird sich von allein erledigen, da die meisten von ihnen im Gelände gelandet sind.

Fähnrich zur See Fischer gibt an Zimmermann und den anderen Richtschützen die durchgegebenen Werte, die 10,5 cm Granate wird von Claussen scharf eingestellt und geladen. Die Feuererlaubnis erfolgt prompt.

Schon knallt der Abschuss aus dem Rohr der 10,5 cm Flak 38 und jagt den abfliegenden Blenheims hinterher.

Sowohl die Nord- als auch die Ostbatterie können noch einen Erfolg erzielen und zwei der angreifenden Blenheims stürzen mit schwarzen Rauchfahnen in das Wattenmeer.

Schon bald sind die feindlichen Bomber außerhalb der Reichweite der 8,8 cm Flak und auch der 10,5 cm Flak.

Langsam schwindet die Anspannung der Geschützmannschaften.

Der feindliche Angriff ist für sie vorerst nach einer wahren Ewigkeit beendet. Die kampfbereit gegen sternenklaren Nachthimmel gerichteten, vom Rauch geschwärzten Mündungen der 8,8 cm und 10,5 cm Geschütze senken sich nun langsam in die Ruhestellung. Sie haben auch in dieser Nacht dem Feind schwer zugesetzt. Über ein halbes Dutzend der feindlichen Bomber des ebenfalls noch recht modernen Typs Bristol Blenheim wird nie wieder zu den britischen Inseln zurückkehren. Für die Besatzungen dieser leichten englischen Bombenflugzeuge ist der Krieg bereits beendet – wenn sie den Abschuss und den darauf folgenden Absturz ihrer Maschinen denn überlebt haben.

„Gefechtsbereitschaft ist aufgehoben", gibt Fähnrich zur See Georg Fischer.

Die Geschütze werden wieder getarnt und die Männer machen sich bereit, in ihre Unterkünfte zu gehen, bis auf die Männer, die für die Wache an den Geschützen eingeteilt sind. Fähnrich zur See Georg Fischer teilt einige Männer ein, um die Stellung und das Geschütz nach Beschädigungen zu untersuchen und sich danach zur Nachbesprechung beim Batteriechef Kapitänleutnant zur See Bernd Seegers zu begeben.

Kaum sind die Männer, die noch immer in ihren feldgrauen Mänteln gekleidet sind, in dem betongrauen, weiß getarnten Bunker verschwunden, da wird es kurz darauf im Kopfhörer des Telefonisten im Leitstand wiederum lebendig.

Die befehlsgewohnte, durchdringende Stimme des Telefonisten echot durch die betongrauen Bunkergänge: „Alarm! Meldung vom *FlaGruKo* – Feindflugzeuge aus Richtung West!"

„Alarm!", brüllt jetzt auch der junge Bootsmann Jürgensen in der Zentrale, so dass es durch die meterdicken grauen und kahlen Betonwände hallt. Zeitgleich drückt er auf einen der zahlreichen Knöpfe vor sich.

Dadurch schrillen in allen Bunkerräumen der Batterie die angebauten Alarmglocken.

Kurz darauf erklingt der ungewöhnliche Ruf: „Achtung! – Alarm – An die Geschütze!" durch die zahlreichen Räume.

Sofort ziehen die Männer, die ihre dicken Wehrmachtsmäntel bereits ausgezogen hatten, sie schnell wieder an. Auch ist das aufgeregte Getrampel der genagelten Wehrmachtsstiefel durch die Betongänge zu hören. Die Männer stürzen durch die Gänge. Fähnrich Fischer reißt die schwere Stahltür auf und dirigiert seine Männer zu seinem 10,5 cm Geschütz.

Schnell beeilt er sich hinterher zu kommen. Die Wachmannschaften haben sofort nach dem Alarm die Geschütze wieder enttarnt und gefechtsklar gemacht.

Die Männer sind schnellstmöglich auf ihren Posten.

Da kommt auch schon die Durchsage vom Batteriechef.

Die Männer schauen sich verwundert an.

„Was ist denn los? Neuer Anflug?", fragt Zimmermann den jungen Fähnrich.

Dieser zuckt mit den Schultern.

„Wir werden sehen."

Die Geschütze der Batterie drehen sich in die vorgegebene Richtung und die Männer warten auf die angekündigten Flugzeuge.

Aus einiger Entfernung hören sie das schnelle Hämmern der leichten Flugabwehrgeschütze, die im schnellen Stakkato auf irgendetwas feuern. Fischer kann jedoch noch nichts erkennen.

Kapitänleutnant Seegers steht wieder im Unterstand des Leitstandes und schaut durch sein Nachtglas. Er sieht die im flachen Winkel aufsteigenden Leuchtspuren der leichten 2 cm und 3,7 cm Geschütze. Sie bilden ein engmaschiges Netz aus tödlichen Geschossen. Durch eben dieses Netz brechen an die 30 Fairey Battle und fliegen genau auf die Ostbatterie *Fischerhafen* zu.

Die Geschütze werden auf eine niedrige Winkelgruppe eingestellt und schon werden die Geschütze geladen.

„Feuererlaubnis!", erschallt der durchdringende Ruf des Batteriechefs und Fähnrich Fischer ist der Meinung, dass er zum ersten Mal so etwas wie Anspannung und Nervosität in der Stimme vernehmen kann.

Schon donnert das erste Geschoss aus dem Rohr. Die 15,1 Kilogramm schwere Sprenggranate jagt auf die feindlichen Flugzeuge zu. Nur Augenblicke später erschallen auch die krachenden Abschüsse der übrigen Geschütze der Batterie. Auch diese Granaten fliegen mit einer Mündungsgeschwindigkeit von 880 Metern pro Sekunde auf die anfliegenden Battles zu.

Die Granaten explodieren kurz vor den anfliegenden leichten Bombern. Diese fliegen stur durch die aufplatzenden Granaten. Die Sprengwolken werden durch hindurch fliegende Flugzeuge zerstreut.

Die Ladekanoniere wuchten eine Granate nach der anderen in den Verschluss der Geschütze. Die Messinghülsen fallen dabei rumpelnd auf den kalten Betonboden.

Wieder explodieren sechs 10,5 cm Granaten vor dem anfliegenden Pulk. Diesmal werden zwei der Fairey Battles von Sprengsplittern getroffen. Eines der Flugzeuge verliert mit einer öligen, schwarzen Rauchwolke hinter dem Motor schnell an Höhe. Das zweite der getroffenen Flugzeuge zeigt keine Rauchentwicklung, doch stellt es sich plötzlich steil auf den Kopf und rauscht mit voller Geschwindigkeit in die Tiefe. Nur Sekunden später schlägt es mit einem grellen Explosionsblitz und nachfolgender Wolke in den gefrorenen Boden. Die Fairey Battle mit der Qualmwolke verliert weiter und weiter an Höhe und schert aus dem Verband aus. Vermutlich versucht der Flugzeugführer eine Notlandung.

Der übrige Verband, welcher nun 28 Maschinen zählt, fliegt weiter auf die Batterie zu.

Plötzlich wird eine weitere Maschine getroffen. Diesmal jedoch von einer leichten 2 cm Flak 38. Die Geschosse der Flak zersieben die linke Tragfläche. Augenblicke später montiert die gesamte Tragfläche ab. Die Maschine überschlägt sich um ihre Längsachse. Nur Sekunden später bohrt sich auch dieses Feindflugzeug in den Boden der Insel Norderney. Beim Aufschlag der Maschine spritzt die Erde zu allen Seiten weg. Das Wrack überschlägt sich mehrmals, Trümmerteile fliegen durch das Gelände. Der Flugzeugführer hatte keine Chance aus seinem brennenden und sich überschlagenden Gefängnis herauszukommen. Vermutlich war er kurz nach dem Aufschlag bereits tot.

Kurz bevor sich der Feindverband aufteilt, wird eine weitere Maschine getroffen. Eine oder auch mehrere Granaten einer 3,7 cm Flak jagen in den 1030 PS starken Rolls-Royce Merlin II V-12 Motor. Es bildet sich kurzzeitig eine schwarz-ölige Rauchwolke und plötzlich schießt eine gelb-rote Flamme aus dem Motorraum. Diese Flamme breitet sich durch den Fahrtwind schnell aus und erreicht wenig später das Cockpit des Flugzeugführers.

Das brennende Flugzeug schert aus und der Flugzeugführer versucht anscheinend ebenfalls eine Notlandung. Doch bevor die Maschine den Boden berührt, gibt es eine ohrenbetäubende Explosion und die Maschine wird förmlich auseinander gerissen. Die noch rotierende Luftschraube bewegt sich noch mehrere Meter in die eingeschlagene Richtung. Die Haube der Pilotenkanzel wird in die Luft geschleudert, der Merlin-Motor wird aus seiner Motorhalterung gerissen und bohrt sich lichterloh brennend in den verschneiten, gefrorenen Boden der ostfriesischen Insel.

Trotz der Gegenwehr durch die leichten Flugabwehrgeschütze und der Batterie *Fischerhafen* schießen die Fairey Battles mit einer Geschwindigkeit von 414 Kilometern pro Stunde auf ihre Ziele zu. Auf die Ostbatterie *Fischerhafen* fliegen nun noch 13 Maschinen zu. In Richtung der Nordbatterie *Busetief* jagen 14 der Fairey Battles zu.

Nun endlich wird auch das Feuer aus der Nordbatterie auf den anfliegenden Feind eröffnet. Doch dort sind nur noch drei der 8,8 cm Geschütze feuerbereit. Die Sprenggranaten jagen mit einer Mündungsgeschwindigkeit von 820 Metern pro Sekunde auf die leichten englischen Bomber zu. Für die Richtkanoniere an den Geschützen ist es sehr schwierig, die anfliegenden Flugzeuge ins Visier zu bekommen, da sie sehr tief und schnell anfliegen. Daher wird kein weiteres der Flugzeuge getroffen. Der Plan der britischen Befehlshaber, die deutsche Flugabwehr durch den Anflug aus zwei Seiten zu überrumpeln, hat funktioniert. Die deutschen Leitstellen gingen bei dem zweiten Verband davon aus, dass er ein anderes Ziel statt der Insel Norderney anfliegen wird. Doch stattdessen flog der Verband aus Fairey Battles nur eine Kehrtwende, um die Batterien in dem Augenblick anzufliegen, als der erste Verband aus Bristol Blenheims gerade abgeflogen war und die deutschen Flugabwehrgeschütze den Alarmzustand aufgehoben haben. Die zeitliche Abstimmung war nahezu perfekt.

Die Suchscheinwerfer der Batterie irrlichtern ebenfalls durch die Lüfte.

Doch auch sie haben Schwierigkeiten die tief fliegenden Bomber einfangen zu können.

Fähnrich zur See Georg Fischer hat den anfliegenden Feind fest im Blick, genauso wie Batteriechef Kapitänleutnant Bernd Seegers und auch Leutnant zur See Johannes Vogt.

Nun erkennt Fischer auch den Sinn und Zweck der im weiteren Umland verstreut abgeworfenen Leucht- und Brandbomben.

Trotz der Tatsache, dass sie bereits am Erlöschen sind, beleuchten sie das Gelände der Batterie noch genug, um die Geschütze aus der Luft deutlich erkennbar zu machen.

Diese Erkenntnis haben wohl auch Seegers und Vogt, denn Fischer erkennt, wie Leutnant Vogt mit einigen Männern aus dem Leitstand bereits auf dem Weg ist, um die Leuchtbomben und auch die Brandbomben endlich zu löschen. Doch es ist zu spät. Wenig später sind die Fairey Battles im direkten Anflug.

Schon schlagen den Marine-Flak-Artilleristen die Stahlmantelgeschosse aus dem einzelnen Bord-MG in der rechten Tragfläche der leichten Bomber entgegen.

Die Bedienungen der schweren Flak-Geschütze springen von ihren Plätzen an den Geschützen.

Die Geschosse der britischen Kampfflugzeuge schlagen Funken, wenn sie auf das Metall der Geschütze treffen und reißen kleine Betonsplitter aus dem Boden und den Wänden der Flak-Stände.

Die Bedienmannschaften werfen sich zu Boden und robben in Richtung der stählernen Eingangstür zu den Bunkerunterständen.

Fähnrich Fischer greift Zimmermann, der noch immer auf dem Sitz des Richtschützen hinter der Höhenrichtmaschine sitzt, am Kragen.

Mehr stolpernd als laufend bewegen sich die beiden Männer über den grauen Beton des Flak-Standes.

Der Matrosengefreite Björn Claussen steht im Rahmen der stählernen Bunkertür und reicht den beiden Kameraden die Hand, um sie in Sicherheit zu ziehen.

In diesem Augenblick ziehen die Battles steil in die Höhe und werfen ihre Bomben ab. Die Sprengbomben schlagen in den Beton der Bunkerstellungen ein. Fähnrich zur See Fischer merkt in seinem Rücken den Druck der explodierenden Bomben. Er hört die Metallsplitter um sich herum zischen und sieht sie in die Bunkerwände einschlagen.

Zwischen all dem Lärm kann er jedoch auch einen unterdrückten Schrei hinter sich vernehmen.

Fischer dreht sich um und sieht, dass Zimmermann zusammengesunken auf dem Betonboden liegt.

Fischer und Claussen packen ihn nun gemeinsam am Kragen des Mantels und zerren den stöhnenden Kameraden durch die Bunkertür. Im Hintergrund schlagen noch immer kleine 50 Kilogramm Sprengbomben ein und verteilen ihre glühenden, todbringenden Metallsplitter.

Kaum ist Zimmermann in relativer Sicherheit des Bunkergangs, da ziehen Fischer und Claussen ihm den schweren Mantel aus. Auf der Uniformjacke des Matrosenhauptgefreiten bilden sich bereits dunkelrote Blutflecken und auch aus dem Mundwinkel von Zimmermann rinnt ein dünner Blutfaden.

„Die Uniform aus! Irgendwo muss er von Splittern getroffen sein!", meint der Offiziersanwärter aufgeregt.

„Verbandspäckchen her und ruft den Sani und den Batteriearzt!"

Schnell zerschneidet Claussen dem Kameraden die Uniformjacke und das Unterhemd. Auf der Brust des Kameraden ist nichts zu erkennen. Also drehen die beiden ihn um und auf dem Rücken sehen sie bereits mehrere stark blutende Wunden. Sofort versucht Fischer die ihm gereichten Verbandspäckchen auf die Blutungen zu drücken. Kaum übt er ein wenig Druck auf die Wunden aus, da fängt Zimmermann auch schon an zu schreien und zu husten.

Dadurch wird der Blutfaden im Mundwinkel ebenfalls größer.

Der Matrosengefreite Björn Claussen muss ihn mit aller Kraft festhalten, damit der Fähnrich ihn verbinden kann.

Außerhalb des Bunkers wüten die englischen Bomber noch immer. Doch das ist für Fischer, Claussen und den Rest der Besatzung gerade das kleinste Problem. Viel wichtiger ist es für die Männer nun ihren Kameraden zu retten.

Claussen tippt seinem Geschützführer, der gerade dabei ist, die vermeintlich letzte Verwundung des Matrosengefreiten zu verbinden, auf die Schulter.

„Herr Fähnrich, schauen Sie mal auf die Uniformhose. Dort scheint eine weitere Verletzung zu sein."

Fischer sieht an dem linken Bein von Zimmermann hinunter und erkennt, dass aus dem Hosenbein ebenfalls eine Menge Blut zu laufen scheint.

„Los, schneid das Hosenbein auf, Mensch. Wir müssen die Wunde finden, sonst verblutet er uns hier noch!", meint Fischer zu Claussen.

„Wo bleibt der Sani, verdammt?", schreit Fischer mit Wut und Verzweiflung in der Stimme.

Doch es dauert noch eine weitere gefühlte Ewigkeit bis der Sanitätsunteroffizier mit einem großen Koffer erscheint.

Schnell verbindet er die blutende Wunde am Bein.

„Wahrscheinlich ist die Oberschenkelarterie verletzt. Hier kann ich nichts für ihn tun. Wir müssen ihn runter bringen."

Gemeinsam tragen sie Zimmermann schnell in den Raum, der als Krankenquartier dient.

Draußen ist der Angriff der englischen Bomber ebenfalls zu Ende und es zieht wieder Ruhe ein.

Fischer zieht sich zurück und entledigt sich seiner blutverschmierten Uniform. Die ganze Zeit über gehen ihm die Bilder des blutenden und röchelnden Zimmermann nicht aus dem Kopf.

„Alles gut bei dir, Georg?", fragt Leutnant zur See Johannes Vogt den Fähnrich, der gerade im Gemeinschaftsbunker an einem der Tische sitzt und etwas schreibt.

Fähnrich Georg Fischer sieht auf und meint mit etwas belegter Stimme: „Ja, alles in Ordnung. Danke der Nachfrage, Johannes."

„Zimmermann hat es nicht geschafft. Er ist im Lazarett gestorben. Hat wohl zu viel Blut verloren."

Fischers Blick wird deutlich trauriger.

„Ja, hab es gehört. Ich bin gerade dabei, seiner Frau zu schreiben. Hast du gewusst, dass sie in einem Monat ihr erstes Kind erwartet?"

ENDE

Ihre Zufriedenheit ist unser Ziel!

Liebe Leser, liebe Leserinnen,

hat Ihnen unser Buch gefallen? Haben Sie Anmerkungen für uns? Kritik? Bitte zögern Sie nicht, uns zu schreiben. Wir werden jede Nachricht persönlich lesen und beantworten.

Schreiben Sie uns: info@ek2-publishing.com

Wussten Sie schon, dass Sie uns dabei unterstützen können, deutsche Militärliteratur sichtbarer zu machen? Bitte nehmen Sie sich einen Moment Zeit und bewerten Sie dieses Buch online. Viele positive Rezensionen führen dazu, dass das Buch mehr Menschen angezeigt wird.

Sie können somit mit wenigen Minuten Zeitaufwand unserem kleinen Familienunternehmen einen großen Gefallen tun. Vielen Dank für Ihre Unterstützung!

PS: In seltenen Fällen kommt ein Buch beschädigt beim Kunden an. Bitte zögern Sie in diesem Fall nicht, uns zu kontaktieren. Selbstverständlich ersetzen wir Ihnen das Buch kostenlos.

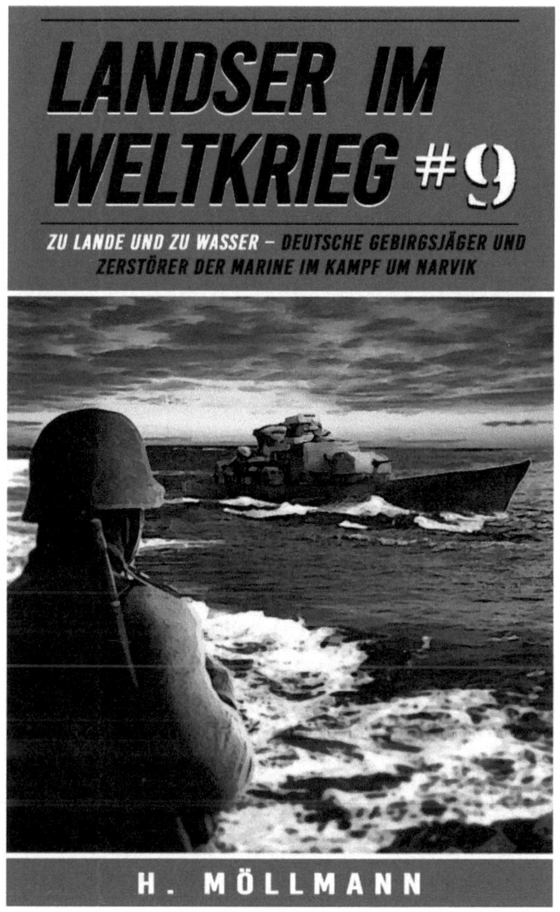

Landser im Weltkrieg – **„Zu Lande und zu Wasser"** erscheint im Monat Dezember als E-Book und Taschenbuch überall, wo es Bücher gibt!

LESEPROBE

Mit dem Schlachtschiff HMS *Warspite*, mehreren Kreuzern, einem Flugzeugträger und Artilleriezerstörern der Tribalklasse rückt der Gegner an. Schon geschwächt durch den ersten Angriff nehmen die deutschen Boote den Kampf auf. Nur sieben Zerstörer sind noch voll kampffähig. Die bewegungsunfähige *Diether von Roeder* soll als Batterie mit den beiden vorderen Geschützen am Kampf teilnehmen.

Das Gefecht ist in vollem Gange. Gestaffelt kommen die Engländer näher und decken mit den Salven ihrer überlegenen Feuerkraft die deutschen Zerstörer vollkommen ein. Deutsche und Briten feuern aus allen Rohren. Es ist ein dramatischer Kampf, weil die deutschen Boote mit dem Rücken zur Wand am Gegner hängen, der mit seiner Übermacht immer näher rückt. Selbst wenn sie Narvik aufgeben wollen würden, sie könnten nicht, denn die Engländer versperren alle Zugänge zum Meer.

Vor der Hafenbucht im Ofotfjord fahren die Zerstörer der Kriegsmarine immer neue Angriffe gegen den Feind. Sie stoßen vor, mit beiden Geschützen auf der Back feuernd, machen eine Gefechtskehrtwendung, schießen mit voller Breitseite, drehen dann ab, mit den Geschützen auf dem Achterschiff feuernd, und stoßen dann wieder zu einem neuen Angriff vor. Die Luft ist gefüllt vom Bersten der Granaten. Torpedos schießen durch die Fjords. Haushohe Wassersäulen der schweren Kaliber des Schlachtschiffes stehen rings um die deutschen Boote.

Landser im Weltkrieg

kaufen!

Direkt zur Serie:

Eine Veröffentlichung der EK-2 Publishing GmbH

Friedensstraße 12
47228 Duisburg
Registergericht: Duisburg
Handelsregisternummer: HRB 30321
Geschäftsführerin: Monika Münstermann

E-Mail: info@ek2-publishing.com
Homepage: www.ek2-publishing.com

Cover/Umschlag: Kayla Pelgrim
Autor: Hermann Weinhauer
Lektorat: Martina Wehr
Buchsatz: Heiko Piller

1. Auflage

Druckhinweis: